맛있는
우리말
문법 공부

맛있는 우리말 문법 공부

정재윤 지음

펴낸날 2020년 11월 23일 초판1쇄
펴낸이 김남호 | 펴낸곳 현북스
출판등록일 2010년 11월 11일 | 제313-2010-333호
주소 04071 서울시 마포구 성지길 27, 4층
전화 02)3141-7277 | 팩스 02)3141-7278
홈페이지 www.hyunbooks.co.kr | 인스타그램 hyunbooks
ISBN 979-11-5741-224-2 73700

편집 이경희·노계순 | 디자인 김홍비 | 마케팅 송유근 | 영업지원 함지숙

글 ⓒ 정재윤, 2020
이 책은 저작권법에 의하여 보호를 받는 저작물이므로 무단 전재 및 복제를 금지하며,
이 책 내용의 전부 또는 일부를 이용하려면 반드시 저작권자와 현북스의 허락을 받아야 합니다.

 주의 종이에 베이거나 긁히지 않도록 조심하세요. 책 모서리가 날카로우니 던지거나 떨어뜨리지 마세요.

맛있는 우리말 문법 공부

정재윤 지음

현북스

 머리말

말과 글을 사랑하는 법

　몇 년 전에 '돌돌이'라는 강아지를 길렀던 적이 있어요. 너무 귀여워서 돌돌이가 먹고 싶어 하면 무엇이든 먹였어요. 맛없어 보이는 강아지 사료만 먹이고 싶지 않았거든요.
　그런데 어느 날부터 돌돌이가 이상했어요. 낑낑거리면서 바닥을 기어 다니다가 아무 데나 오줌을 쌌어요. 의사 선생님께서 그러시더군요.
　"사람들 먹는 음식을 먹여서 그래요. 그래서 오줌을 잘 못 싸는 거예요. 아프니까요."
　'내가 뭘 몰라서 사랑하는 돌돌이가 병에 걸린 거구나!'
　돌돌이에게 정말 미안했어요. 깊이 반성했어요.
　'강아지를 제대로 사랑하려면 강아지에 대해 잘 알아야겠구나.'

이 책을 손에 든 여러분은 분명 책 읽기를 좋아하는 사람일 거예요. 말과 글을 사랑하는 사람일 거예요. 강아지를 제대로 사랑하려면 강아지에 대해 잘 알아야 하는 것처럼, 말과 글을 제대로 사랑하려면 말과 글에 대해 잘 알아야 해요.

이 책은 말과 글에 대해 공부하는 책이에요. 말과 글이 왜 이렇게 쓰이는지, 말과 글을 제대로 쓰려면 어떻게 해야 하는지, 함께 생각해 보는 책이지요. 다시 말해, 말과 글을 사랑하는 법을 가르쳐 주는 책이에요.

말을 잘하고 싶은가요? 글을 잘 쓰고 싶은가요? 그럼 이 책을 읽고 말과 글에 대해 함께 공부해 봐요. 분명히 큰 도움이 될 거예요. 이 책을 읽고 말과 글을 더욱 사랑하는 사람이 되기를 바랄게요.

글쓴이 정재윤

차례

맛있는 우리말 문법 공부 _말소리

음성과 음운 말이 안 되는 소리도 있다? 11

모음과 자음 방해받지 않고 나는 소리, 방해받고 나는 소리 20

음절의 끝소리 규칙 '낫'을 소리 나는 대로 쓰면 [낫]? [낟]? 39

자음 동화 [선능] 가니, [설릉] 가니? 47

구개음화 '센티미터'일까, '센치미터'일까? 56

모음 동화와 모음 조화 쌍둥이는 괴기를 좋아해! 62

된소리되기 신발은 [신기는] 것일까, [신끼는] 것일까? 73

자음 탈락과 모음 탈락 하늘을 날으는 피터 팬? 80

축약 누가 방귀 꼈어? 89

첨가 [김:밥] 먹을래, [김:빱] 먹을래? 98

맛있는 우리말 문법 공부 _단어

단어 문장 속에서 혼자서 쓰일 수 있는 말 109

파생어 단어에도 뿌리와 가지가 있다 114

합성어 '젓가락'은 ㅅ 받침, '숟가락'은 ㄷ 받침? 120

품사 단어에도 종류가 있다 126

체언 문장에도 주인공이 있다 132

관계언 무슨 관계를 맺어 주길래? 140

용언 '어찌하다'와 '어떠하다' 150

용언의 활용 변하는 말? 어떻게 무엇이 변할까? 157

수식언 말을 꾸민다? 165

독립언 부르거나 답하거나 놀라거나 173

맛있는 우리말 문법 공부 _문장

문장 성분 "불이야?"가 문장일까? 179

문장의 짜임새 문장은 어떻게 짜여 있나? 192

종결 표현 우리말은 끝까지 들어 봐야 알아 202

높임 표현 커피, 나오셨습니다? 210

시간 표현 언제 있었던 일이지? 217

피동 표현 무슨 일을 당했나? 222

사동 표현 직접 하느냐, 남에게 시키느냐 228

부정 표현 안 하는 거야, 못 하는 거야? 233

맛있는 우리말 문법 공부

▶▶ **말소리**

음성과 음운

말이 안 되는 소리도 있다?

드디어 즐거운 여름 방학의 시작, 그리고 쌍둥이 음소 운소가 문법 공부를 시작하는 날! 그런데 날이 무척 덥군요. 문법 삼촌이 시계를 보더니 벌떡 일어나 에어컨을 켰어요.

"이 녀석들 올 때가 됐는데……."

그때 연구소 문이 열렸어요.

"삼촌, 우리 왔어!"

쌍둥이 음소 운소가 작은 선풍기를 하나씩 손에 들고 연구소 안으로 들어왔어요. 삼촌은 쌍둥이에게 차가운 미숫가루를 갖다주며 말했어요.

"이렇게 더워도 문법 공부를 하러 오다니 기특한걸?"

"약속했으니까. 그런데 뭐부터 하는 거야?"

운소가 눈을 깜박이며 묻자, 삼촌이 빙그레 웃으며 말했어요.

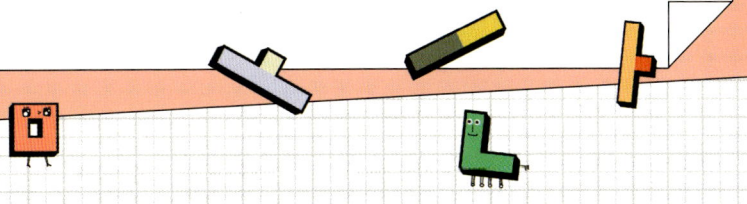

음성, 말할 때 사용되는 소리

"오늘은 먼저 음성이 무엇인지부터 알아보기로 할까?"

"음성?"

"소리를 말하는 거 아니야?"

"응, 음성도 소리는 소리지. 그런데 세상에는 참 많은 소리가 있잖아. 이 소리를 모두 음성이라고 할 수 있을까?"

쌍둥이가 동시에 고개를 갸우뚱했어요.

"자, 잠시 눈을 감고 우리 주위에서 무슨 소리가 들리는지 들어 보자."

세 사람 모두 눈을 감았어요. 한참을 그렇게 있다가 삼촌이 물었어요.

"어때? 참 여러 가지 소리가 들리지?"

"응, 에어컨 돌아가는 소리, 놀이터에서 아이들 뛰노는 소리."

"매미 소리도 들리고, 멀리서 차 지나가는 소리도 들렸어."

"그렇지? 세상에는 이렇게 많은 소리가 있지만, 이런 소리를 음성이라고 부르지는 않아."

"그럼 뭐라고 불러?"

"그냥 소리라고 불러야겠네."

"그러니까 에어컨 소리, 차 소리 같은 것은 음성이 아닌 거야. 바람 소리나 물소리도 음성이라고 할 수 없고."

"그럼 사람이 입으로 내는 소리만 음성이라고 하는 거구나!"

"맞아, 사람 목소리!"

운소도 음소 말이 맞는다는 듯이 덧붙여 말했어요.

"일단 사람이 입으로 내는 목소리를 음성이라고 할 수 있지. 하지만 문법에서는 사람의 목소리라고 해서 다 음성이라고 하지는 않아. **사람이 입으로 내는 소리 가운데 말할 때 사용되는 소리만 음성**이라고 하지."

이게 무슨 말일까요? 쌍둥이 둘 다 눈만 깜빡거리고 있다가 말했어요.

"목소리 가운데서도 말이 안 되는 소리가 있다, 이 말이네."

"사람 목소리 가운데서 말이 안 되는 소리도 있어?"

"웃음소리나 울음소리는 말이 아니잖니."

"아하, 알겠다. 그럼 기침 소리도 말이 안 되는 소리니까 음성이 아니겠네?"

"재채기 소리도!"

"맞아. 말할 때 내는 소리, 즉 말소리만 음성이라고 한단다."

쌍둥이가 동시에 고개를 끄덕였어요.

음운, 머릿속에만 있는 소리

"우리는 어떤 사람의 음성을 듣고 그 사람이 무슨 말을 하는지 알 수 있어. 그런데 이상하지 않니? 음성은 사람마다 다 다르잖아. 남자들 음성은 굵고, 여자들 음성은 가늘고."

"맞아. 아이들 음성 다르고, 할아버지 할머니 음성 다르지."

"같은 사람이 말하더라도 때에 따라 달라. 우리 엄마가 기분 좋을 때는 '음소야~.' 하고 부드럽게 부르지만, 화났을 때는 '음소야!' 하고 악을 쓰시거든."

"그런데 뭐가 이상하다는 거야, 삼촌?"

운소가 궁금해했어요.

"방금 음소가 좋은 예를 들어 주었어. 엄마가 부드럽게 부르시건 악을 쓰며 부르시건 음소는 엄마가 자기를 부른다는 것을 알 수 있잖아."

"응, 그렇지. 아빠가 굵은 목소리로 불러도 나는 아빠가 나를 부른다는 것을 알거든."

음소가 말하자, 운소가 피식거리며 말했어요.

"게임에 정신 팔려서 저 부르는 것도 모를 때는 빼놓고 말이지?"

"흥, 자기도 톡으로 수다 떨 때는 엄마가 불러도 대답 안 하면서!"

"후후, 어쨌든 사람마다 목소리가 다르고, 음성도 다르잖아. 그런데도 '음소야.' 하고 부를 때 엄마가 부르건, 아빠가 부르건, 삼촌이 부르건, 선생님이 부르건, 운소가 부르건, 음소는 자기를 부른다는 것을 알지."

"그렇지. 그게 이상한 거네."

"그것은 마치 우리가 예를 들어 사람이라는 낱말을 볼펜으로 쓰건, 만년필로 쓰건, 또박또박 쓰건, 흘려 쓰건, 사람이라고 알아먹는 것과 비슷하지?"

쌍둥이가 미소를 지으며 고개를 끄덕였다.

"왜 그럴까?"

"그래도 아주 심하게 흘려 쓰면 못 알아먹지."

이번에는 삼촌이 미소를 지었다.

"맞아. 그래서 내 생각에는 우리 사람의 머릿속에 어떤 기준 발음이 있는 거 같아. 음소면 음소, 사람이면 사람이라는 단어에 대해 기준 발음이 정해져 있어서 누군가 '음소야.' 하고 부르면 기준 발음과 비교해 보고 나서 '응? 이 정도면 팔십 퍼센트 일치, 통과!' 하면서 그 낱말을 인식하는 거지."

"비밀의 문을 통과하기 위해 지문을 대조해 보거나 목소리를 대조해 보는 것과 비슷하네."

"그렇지? 이렇게 머릿속에 있는 기준 발음을 음운이라고 한단다. 다시 말해 음성은 높이나 굵기, 크기, 울림 등이 제각기 다른, 우리가 실제로 들을 수 있는 여러 말소리이고, 음운은 실제로는 들을 수 없지만 여러 가지 음성들 가운데서 공통되는 것만을 뽑아 놓은, 우리 머릿속에만 있는 소리라고 할 수 있겠지."

"음운? 너무 어려워, 삼촌."

"이렇게 어려운 것을 꼭 알아야 해?"

"좀 어렵지? 그런데 말이 어려워서 그렇지, 실은 이 음운 때문에 우리는 서로 대화를 하면서 살 수 있는 거야. 음운이 발음은 비슷해도 뜻이 다른 여러 단어를 구별하게 해 주거든."

쌍둥이가 눈을 동그랗게 떴어요. 삼촌이 책상에 붙어 있는 커다란 화이트보드에 글자를 썼어요.

그러자 쌍둥이가 동시에 소리 내어 글자를 읽었어요.

"물, 불, 뿔, 풀."

"어때? 모두 잘 아는 단어지?"

"응."

"네 단어 사이의 공통점이 뭐지?"

운소가 얼른 대답했어요.

"모두 울이 들어 있어."

"그렇지? 그런데 이 단어들은 모두 뜻이 다르잖아? 무엇 때문에 뜻이 달라졌을까? 이 단어들 사이에 다른 점이 뭘까?"

이번에는 음소가 냉큼 대답했어요.

"ㅁ, ㅂ, ㅃ, ㅍ이 다르잖아."

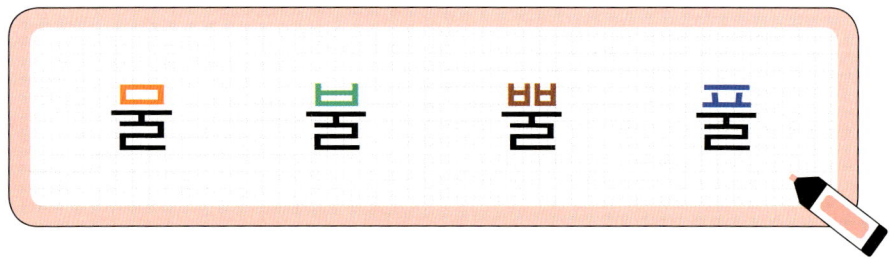

"맞아. 첫소리 자음이 달라지니까 단어들 뜻이 달라졌어."

"바로 그거야. 자음도 음운의 일종인데, 음운은 이렇게 단어의 뜻을 다르게 만드는 기능을 한단다. 자음뿐만 아니라 모음도 단어의 뜻을 다르게 만드는 기능을 하지. 예를 들어 볼까?"

"아, 알 거 같아."

음소가 말하자, 운소는 의심스럽다는 듯 음소를 째려보았어요.

"다른 것은 똑같고 모음만 다르면 되잖아."

음소가 화이트보드에 글자를 쓱쓱 써넣고 나서 읽었어요.

"발, 벌."

"오호, 제법인걸. 그럼 나도 써 볼까?"

이번엔 운소가 척척 글자를 쓰고 읽었지요.

"볼, 불."

"야! 삼촌이 더는 가르칠 게 없는걸! 그럼 설명도 해 볼래?"

"응, 첫소리 ㅂ과 끝소리 ㄹ은 같고 모음만 다른 단어들이야."

"모음이 달라지니까 뜻도 달라졌어. 그러니까 음운 가운데 모음도 단

발 벌 볼 불

어의 뜻을 바꾸는 기능을 하는 거지."

"아주 좋아. 역시 내 조카들이야. 결국 음운이란 말의 뜻을 구별하게 하는 소리의 가장 작은 단위라고 할 수 있겠지. 그런데 자음과 모음 말고도 단어의 뜻을 바꾸는 기능을 하는 것이 또 있어."

"설마 마침표나 물음표 같은 걸 말하는 건 아니지?"

"하하, 문장 부호는 글자가 아니니까 관두고……. 이 문장 한번 읽어 볼래?"

쌍둥이가 또 입을 맞추어 소리를 냈어요.

"내 말은 말을 참 잘 들어."

"잘 읽었어. 이 문장에는 말이라는 단어가 두 번 나와. 그런데 너희는 앞의 말과 뒤의 말을 서로 다르게 읽었지? 왜 그랬니? 두 말이 서로 어떻게 다르지?"

"앞의 말은 타는 말이고, 뒤의 말은 사람이 입으로 하는 말이잖아."

"그래서 앞의 말은 짧게 읽고, 뒤의 말은 길게 읽었어."

"아하, 소리의 길이가 달라도 뜻이 다르구나."

소리의 길이

내 **말**은 **말**을 참 잘 들어.

타는 [말]   입으로 하는 [말:]

삼촌이 흐뭇한 미소를 지었어요.

"그래, 바로 그거야. 소리의 길이가 다르면 뜻이 달라지기도 하지."

운소가 고개를 끄덕였어요.

"외국어에서는 소리의 길이뿐만 아니라 소리의 높낮이나 세기에 따라 뜻이 달라지기도 해. 그런데 모음과 자음은 소리 사이의 경계가 분명하지만, 소리의 길이, 높낮이, 세기는 소리 사이의 경계가 분명하지 않아. 그래서 모음과 자음을 음소, 소리의 길이, 높낮이, 세기를 운소라고 구별해서 부르기도 해. 다시 말해 음소+운소=음운이란 말이지."

"어? 우리 이름이잖아."

"하하, 너희들 이름을 이 삼촌이 지었다는 사실, 아빠한테 못 들었니?"

음소와 운소가 동시에 크게 소리를 질렀어요.

"아하, 그렇게 된 것이구나!"

음성은 사람이 입으로 내는 소리 가운데 말할 때 사용되는 소리이고, 음운은 말의 뜻을 구별하게 하는 소리의 가장 작은 단위다.

모음과 자음

방해받지 않고 나는 소리,
방해받고 나는 소리

매미들이 맴맴 시끄럽게 울고, 날씨도 아주 맑은 날이에요. 책상에 앉아 있던 문법 삼촌이 고개를 돌려 창밖을 보니 음소와 운소가 연구소를 향해 걸어오고 있었어요. 삼촌이 벌떡 일어나 연구소 문을 열었어요.

"어서들 오너라. 무척 덥지?"

"그래도 날씨가 좋아서 괜찮아."

쌍둥이가 자리에 앉는 틈을 타 삼촌은 오렌지 주스를 가져왔어요. 쌍둥이는 말없이 주스를 들이켰어요. 삼촌이 쌍둥이를 물끄러미 바라보다가 말했어요.

"후후, 목이 많이 말랐구나. 자, 오늘은 모음과 자음에 대해서 알아볼까?"

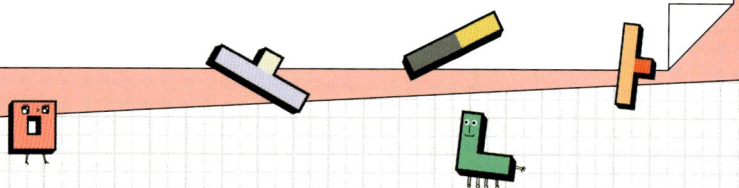

모음, 방해받지 않고 나는 소리

"먼저, 모음이 무엇일까?"

음소가 별걸 다 물어본다는 듯이 얼른 대답했어요.

"그거야 뭐, 누구나 아는 거잖아. ㅏ, ㅑ, ㅓ, ㅕ, ㅗ, ㅛ, ㅜ, ㅠ, ㅡ, ㅣ. 이게 모음 아니야?"

"잘 알고 있구나. 그럼 모음은 어떻게 해서 나는 소리지?"

음소가 갑자기 눈을 크게 떴어요.

'응? 이게 무슨 말이지?'

"직접 한번 소리 내 볼까?"

운소가 "아, 야, 어, 여." 하고 소리를 내 보았어요. 그러고는 대답했어요.

"아무런 방해를 받지 않고 나는 소리 같은데?"

옆에서 똑같이 소리를 내고 있던 음소도 말했어요.

"근데 소리를 낼 때, 입 모양이 달라져. 입 크기도 달라지고."

"그렇지? 목에 손을 대 볼래?"

쌍둥이가 목에 손을 댄 채로 다시 "아, 야, 어, 여." 하고 소리를 내 보았어요.

"목이 떨려."

"맞아. 우리가 숨을 내쉬면서 목청이 떨어 울리면 소리가 나지. 이 소리가 입안을 지나면서 혀의 위치나 입술 모양에 따라 조금씩 달라져. 이렇게 해서 여러 가지 모음이 만들어진단다. 그런데 발음하는 도중에, 처음부터 끝까지 입 모양이 달라지지 않는 모음도 있고, 달라지는 모음도 있어."

쌍둥이가 다시 모음을 소리 내어 발음하기 시작했어요. 고개를 이리저리 갸우뚱하면서.

"ㅏ, ㅓ는 입 모양이 안 바뀌어."

"ㅗ, ㅜ도 안 바뀌는걸."

쌍둥이 말을 듣고 삼촌이 말했어요.

"그래, 발음해 보면 알 수 있을 거야. 예를 들어 ㅏ는 처음부터 끝까지 입 모양이 바뀌지 않지만, ㅑ를 발음해 보면 입 모양이 중간에 달라지지. **처음부터 끝까지 입 모양이 바뀌지 않는 모음을 단모음**이라고 하는데, **단모음은** ㅣ, ㅟ, ㅔ, ㅚ, ㅐ, ㅡ, ㅜ, ㅓ, ㅗ, ㅏ 이렇게 열 개야."

음소가 투덜거렸다.

"아, 그렇게 복잡한 걸 어떻게 외워?"

쉽게 외우는 단모음

키위 제외해. 금붕어 좋아.

"꼭 외울 필요는 없어. 발음해 보면 알 수 있으니까. 그래도 외우고 싶으면 '키위 제외해. 금붕어 좋아.'라고 외워 봐."

"아하, 그렇게 외우면 되겠다!"

음소는 곧바로 공책에 적었지만, 운소는 고개를 갸우뚱했어요.

"근데 삼촌, 이상해."

"응? 뭐가?"

"ㅟ하고 ㅚ는 중간에 입 모양이 달라지는 것 같은데……."

"나도 그런데?"

음소도 운소 말이 맞는다고 했어요. 삼촌이 그럴 줄 알았다는 듯이 고개를 끄덕였어요.

"그건 발음을 잘못해서 그런 거야. ㅟ하고 ㅚ를 길게 발음해 보자."

아이들이 "위, 외" 하고 여러 차례 발음했어요. 그런데 '위이, 외에' 하고 발음하는 것처럼 들렸어요.

"그것 봐. 너희들 발음하는 모습을 잘 살펴보면 처음의 입 모양과 나중의 입 모양이 달라. 그러니까 처음 소리와 끝소리도 다른 거지. 원래는 그렇게 발음하면 안 돼."

"응? 그럼 어떻게 해야 해?"

아이들이 동시에 물었어요.

"ㅟ를 발음할 때는 입을 동그랗게 오므린 다음 ㅣ를 발음하면 돼. 오므린 입술을 다른 모양으로 바꾸면 안 된다."

아이들이 다 같이 입술을 동그랗게 오므렸어요.

"위~."

"어때? 그렇게 하니까 처음부터 끝까지 똑같은 소리가 나지?"

"그러네. 그럼 ㅚ는 어떻게 발음해야 해?"

"마찬가지로 입을 동그랗게 오므리고 이번에는 ㅔ를 발음하면 되는 거야."

아이들이 이번에는 "외~." 하고 길게 발음했어요. 처음부터 끝까지 같은 소리가 났어요. 입술 모양도 바뀌지 않았지요.

"그런데 어려워."

"아무도 이렇게 발음하는 것 같지 않던데……."

"그렇지? 많은 사람이 틀리게 발음하니까 표준 발음법에서도 위이, 외에 이렇게 발음해도 된다고 허용하고 있단다."

"그렇구나. 그럼 어떻게 해도 괜찮은 거네."

음소가 다시 한번 ㅟ, ㅚ를 발음하고 나서 말했어요.

"그래도 난 이제부터 제대로 발음할래."

삼촌이 허허, 웃었어요.

"그래, 제대로 발음하는 게 좋겠지. 우리말을 지키는 길이기도 하니까. 어쨌든 단모음은 소리를 내기 시작할 때부터 끝날 때까지 입 모양이 변하지 않는 소리라는 것을 알았을 거야."

"그럼 중간에 입 모양이 변하는 모음은 뭐라고 불러?"

"이중 모음이라고 해. 아까 말했듯이 ㅑ를 발음해 보면 처음에는 입을 좌우로 늘여 ㅣ 발음을 했다가 입을 벌리면서 ㅏ를 발음하잖아. 입 모양이 변하니까 혀의 위치도 달라지고. 이런 모음을 이중 모음이라고 해. 이중 모음에는 또 뭐가 있을까?"

"ㅕ나 ㅛ, ㅠ도 이중 모음이겠네."

"ㅒ나 ㅖ도 이중 모음이야?"

"그렇지. ㅑ, ㅕ, ㅛ, ㅠ, ㅒ, ㅖ 이렇게 여섯 개가 모두 ㅣ로 시작하는 이중 모음들이지. ㅣ로 시작하는 이중 모음 말고 다른 이중 모음도 있어."

"아, 알 거 같아."

"다른 모음들을 차례로 생각해 보면 될 거 같은데. ㅘ, ㅙ, ㅝ, ㅞ. 이것도 이중 모음이야."

"그래, 잘 말했어. ㅘ, ㅙ, ㅝ, ㅞ 네 개도 ㅗ, ㅜ로 시작하는 이중 모음이지."

"그럼 단모음+단모음이 이중 모음인 거네?"

"음, 그렇게 생각하기 쉽지. 하지만 이중 모음을 만들 때 쓰이는 ㅣ, ㅗ, ㅜ는 길게 발음하지 않고 살짝 미끄러지듯이 발음되기 때문에 온전한 모음이라고 볼 수 없어. 그래서 반모음이라고 부른단다. 이중 모음은 반모음+단모음으로 만들어진다고 할 수 있지."

"반모음? 절반만 모음이라는 뜻인가? 삼촌, 그런데 ㅢ가 빠졌네. ㅢ도

> **단모음과 이중 모음**
>
> **단모음**: 입 모양이 변하지 않는 모음
> ㅣ, ㅟ, ㅔ, ㅚ, ㅐ, ㅡ, ㅜ, ㅓ, ㅗ, ㅏ
> **이중 모음**: 입 모양이 변하는 모음
> 'ㅣ'로 시작하는 이중 모음: ㅑ, ㅕ, ㅛ, ㅠ, ㅒ, ㅖ
> 'ㅗ, ㅜ'로 시작하는 이중 모음: ㅘ, ㅙ, ㅝ, ㅞ
> 단모음 'ㅡ' + 반모음 'ㅣ'로 이루어진 이중 모음: ㅢ

이중 모음인 거 같은데."

"맞아. ㅢ도 시작할 때와 끝날 때 소리가 다르잖아. 입 모양은 같은 거 같지만."

"응, ㅢ는 좀 특이하지? ㅢ도 이중 모음이긴 해. 혀의 위치도 달라지고 입 모양도 아주 조금은 달라지지. 그래서 ㅢ는 단모음 ㅡ+반모음 ㅣ로 본단다."

아이들이 고개를 끄덕이며 공책에 뭔가를 적어 넣었어요.

자음 이름 바로 알기

"자, 그럼 이제 자음에 대해서 알아보기로 할까?"
"응."

아이들이 대답하고는 옆에 놓아두었던 오렌지 주스를 다시 한 모금 마셨어요. 그러고는 이마를 조금 찌푸렸어요. 주스가 어느새 미지근해졌거든요.

"자, 자음이란 무엇일까?"

삼촌 말이 끝나자마자 음소가 자신 있게 대답했어요.

"기역, 니은, 디귿, 리을. 이런 게 자음이잖아."

"후후, 끝까지 해 보지 그래? 끝까지 순서대로 다 말할 수 있을까?"

"아, 그것도 모를까 봐."

"하하. 자, 다들 잘 알고 있다고 보고. 그런데 너희들 자음 이름은 제대로 알고 있니?"

"물론이지. 기역, 니은, 디귿, 리을, 미음, 비읍, 시읏……."

음소가 한참 신나게 자음 이름을 대고 있는데 운소가 말을 잘랐어요.

"시읏이라고? 시옷 아니야?"

음소에게 핀잔을 놓은 운소가 자음 이름을 대기 시작했어요.

"시옷, 이응, 지읒, 치읓, 키읔, 티글, 피읖, 히읗."

뻐기면서 큰 소리로 말했지만, 운소도 다 맞은 건 아니었지요.

"하하, 운소도 틀렸는걸."

"어디가?"

"티글이 아니라 티읕이야."

"그래? ㄷ이 디귿이니까 ㅌ은 티귿인 줄 알았는데……."

자음의 이름

ㄱ 기역 ㄴ 니은 ㄷ 디귿 ㄹ 리을 ㅁ 미음 ㅂ 비읍 ㅅ 시옷
ㅇ 이응 ㅈ 지읒 ㅊ 치읓 ㅋ 키읔 ㅌ 티읕 ㅍ 피읖 ㅎ 히읗

"그렇게 알고 있는 사람들이 많지. 어쨌든 자음 이름을 붙인 데는 공식이 있으니까 공식대로 붙이다 보니 잘못 알고 있는 경우가 많은 거 같아."

"어떤 공식?"

"나는 알 거 같은데. 첫 글자는 그 자음+ㅣ, 두 번째 글자는 으+그 자음, 이게 공식이잖아."

"그러네. 니은은 ㄴ+ㅣ, 으+ㄴ, 리을은 ㄹ+ㅣ, 으+ㄹ……. 그런데 기역은 뭐야? 공식에 안 맞잖아. 디귿도 안 맞고."

"그러게."

아이들은 공식에 안 맞는 자음 이름이 있는 게 마치 삼촌 잘못이라도 되는 듯이 삼촌 얼굴을 노려보았어요.

"왜들 그러니? 내가 자음 이름을 지은 것도 아닌데……."

삼촌이 짐짓 억울하다는 표정을 지어 보였어요.

"너희가 공식은 제대로 찾았어. 그런데 기역, 디귿, 시옷, 이 세 글자는 공식에 안 맞지?"

"응, 왜 그런 거야?"

아이들이 궁금해했어요.

"우리 한글을 누가 만들었는지 알고 있니?"

"물론이지, 세종 대왕!"

"그때는 훈민정음이라고 불렀지."

운소가 아는 체를 했어요.

"응, 잘 알고 있구나. 처음 한글이 생겼을 때, 1443년에는 자음을 어떻게 읽었는지, 자음에 이름이 있었는지, 지금으로서는 알 수가 없어. 그런데 1527년에 최세진이라는 사람이 어린이를 위한 한자 공부 책 《훈몽자회》를 펴냈는데, 이 책에 한글 자음과 모음을 읽는 방법이 나와. 한글 자음과 모음의 소리를 한자음으로 적어 놓은 거지."

"한자 공부 책인데 한글 읽는 법부터 나와 있었구나."

"응, 그때까지도 한글을 모르는 사람이 많았기 때문이야. 특히 어린이들은 더 몰랐겠지."

"그런데 한글을 모르면 어떻게 읽는 법을 가르쳐?"

"외국인에게 한글 읽는 법을 가르치려면 어떻게 해야 할까?"

"뭐, 영문 알파벳으로 가르치면 되지 않을까?"

"네 실력으로?"

운소가 음소에게 또 핀잔을 놓았어요.

"아, 영어로 말하기가 아니라 알파벳으로 표기하는 것쯤은 나도 할 수 있다고. 영어 좀 잘한다고 되게 잘난 체하시네!"

"하하, 운소가 영어를 잘하긴 하지. 어쨌든 요즘이라면 영문 알파벳으로 가르쳐 줄 수 있겠지. 그런데 옛날에는 영어를 몰랐잖아. 그래서 한자를 써서 한글 자음과 모음 이름을 표기해 놓은 거야. 예를 들어 니은은 니은(尼隱), 리을은 리을(梨乙), 미음은 미음(眉音), 이런 식으로 말이야. 그런데 기윽의 윽, 디읃의 읃, 시웃의 웃으로 소리 나는 한자는 없었어. 그래서 기윽의 윽은 소리가 비슷한 역(役)이라는 한자를 대신 쓰는 바람에 기역이 되고 말았지. 게다가 읃과 웃은 비슷한 한자조차 찾지 못해서 끝 말(末) 자와 옷 의(衣) 자를 빌려서 썼어. 그러고는 末 자와 衣 자에 동그라미를 쳤어(㈣, ㈤). 소리로 읽지 말고 뜻으로 읽으라는 표시였지. 다시 말해 귿, 옷 이렇게 읽으라는 뜻이었어. 옛날에는 끝을 귿이라고 했거든."

아이들이 고개를 끄덕였어요.

"아하, 그렇구나."

자음, 방해받고 나는 소리

"이제 한글 자음의 이름은 확실히 알게 되었지? 그럼 자음이 어떻게 소리 나는지 한번 발음해 볼까? 자음만으로는 소리를 낼 수 없으니까

ㅏ를 붙여서 소리 내 보자. 대신 ㅏ 소리에는 신경 쓰지 말고 자음에만 신경을 써 보도록."

아이들이 동시에 소리를 내기 시작했어요.

"가, 나, 다, 라, 마……"

"모음을 발음할 때와 뭔가 다르지? 뭐가 다른 거 같니?"

"혀가 입안에서 뭔가에 닿아."

"입술이 붙었다 떨어졌다 하기도 해."

삼촌이 책상을 손바닥으로 탁 치면서 말했어요.

"그렇지? 자음을 발음할 때는 목에서 나오는 공기가 입안 여기저기에서 흐름을 방해받지. 그러면서 방해를 받는 곳에 따라 여러 가지 다른 소리가 만들어지는데, 이것이 바로 자음이야. 그래서 소리가 만들어지는 장소에 따라 자음의 종류를 나누어 볼 수 있지. 먼저, 두 입술에서 나는 소리가 있어."

"마, 바, ㅁ, ㅂ이 입술이 붙었다 떨어지면서 나는 소리야."

"파, 빠도 그래. ㅍ, ㅃ도 입술에서 나는 소리네."

"맞았어. 그래서 ㅁ, ㅂ, ㅃ, ㅍ을 입술소리라고 해."

"혀끝에서 나는 소리도 있지?"

아이들이 계속해서 "가, 나, 다, 라……." 하고 소리를 내 보았어요.

"ㄴ과 ㄷ, ㄹ이 혀끝에서 소리가 나."

"ㅌ도 혀끝에서 소리가 나."

"그렇지? 혀끝이 윗잇몸에 닿았다가 떨어지면서 소리가 나지?"

운소가 고개를 갸우뚱했어요.

"그런데 ㅅ은 조금 애매한데?"

"맞아, ㅅ은 조금 달라. 혀끝이 윗잇몸에 닿아서 소리가 나는 것이 아니라 공기가 윗잇몸과 혀끝 사이를 지나면서 소리가 나지? 어쨌든 ㅅ도 소리가 나는 위치로 보면 윗잇몸 근처에서 나는 거라고 봐야지. 그래서 ㄴ, ㄷ, ㄸ, ㅌ, ㄹ, ㅅ, ㅆ을 잇몸소리라고 해."

"응, 쉽네."

"그럼, 소리가 나는 곳이 또 어디 있는지 찾아보자."

아이들이 다시 한번 '가나다' 노래를 불렀어요.

"잇몸 조금 뒤에서도 소리가 나."

"맞아, ㅈ, ㅉ, ㅊ."

"그렇지? 혓바닥과 입 앞쪽의 딱딱한 입천장 사이에서 소리가 나지. 이런 소리는 센입천장소리라고 한단다."

"입의 맨 안쪽에서도 소리가 나는데."

"ㄱ, ㄲ, ㅋ이 그래."

"맞아. 입의 안쪽 입천장은 부드럽잖아. 그래서 ㄱ, ㄲ, ㅋ을 여린입천장소리라고 하지. 그런데 여린입천장소리가 하나 더 있어."

"응, 그게 뭐지?"

아이들이 눈을 동그랗게 뜨면서 삼촌을 바라보았어요.

"뭐가 빠졌는지 살펴볼래?"

아이들이 다시 '가나다' 노래를 불렀어요.

"ㅇ, ㅎ이 빠졌어."

"맞아. 그런데 주의해야 할 것은 여기서 ㅇ은 받침으로 쓰는 ㅇ을 말해."

"'응' 하는 소리 말이지?"

음소가 콧소리를 내자 운소가 입을 삐죽거렸어요.

"이상한 소리 좀 내지 말래?"

"하하, 어쨌든 받침 ㅇ은 어디서 소리가 나는 것 같니?"

"응, 응, 목 안쪽에서 소리가 나는 것 같아."

"그렇지? 그래서 받침 ㅇ도 여린입천장소리 중의 하나야."

"이제 뭐가 남았나?"

운소가 눈을 껌뻑이며 말하자, 재빨리 음소가 대답했어요.

"ㅎ이 빠졌잖아."

"ㅎ은 어디에서 소리가 나니?"

삼촌의 물음에 아이들은 "하, 하" 하더니 동시에 대답했어요.

"목에서 나는데!"

"맞아. 정확히는 공기가 목청을 지나면서 나는 소리이기 때문에 ㅎ은 목청소리라고 불러."

아이들이 고개를 끄덕였어요.

"뭐, 소리가 나는 곳에 따라 이름을 붙이니까 어렵지 않네."

"그래? 좋아. 지금까지 소리가 어디에서 나느냐에 따라 자음을 나누어 보았어."

"그럼 다르게 나누는 방법도 있어?"

"소리를 어떻게 내느냐, 즉 소리를 내는 방법에 따라 나눌 수도 있고, 소리의 세기나 울림에 따라 나누는 방법도 있어. 하지만 너무 복잡하니까 몇 가지만 알아보도록 하자."

"아, 간단한 게 좋지!"

음소가 큰 소리로 말했어요. 운소도 싫지 않은 눈치였지요.

기준에 따라 달라지는 자음의 종류

"먼저, 코로 공기를 내보내면서 내는 소리가 있어. 뭐게?"

아이들이 다시 '가나다' 노래를 하더니 금세 대답했어요.

"ㄴ, ㅁ, ㅇ이네."

"맞아, 이것들을……."

삼촌 말이 끝나지도 않았는데, 음소가 대답했어요.

"코에서 나니까 콧소리겠네."

삼촌이 웃었어요.

"하하, 맞았어. 콧소리, 비음이라고도 하지. 그럼 혀끝을 잇몸에 대거나 대었다가 뗄 때, 공기를 혀 양옆으로 내보내면서 내는 소리가 있어. 그게 뭘까?"

아이들이 열심히 혀를 잇몸에 대고 소리를 내더니 어렵지 않게 대답했어요.

"ㄹ!"

"맞았어. ㄹ을 공기가 흐를 때 나는 소리라고 해서 흐름소리, 유음이라고 하지."

"어, 이거 점점 어려워지는데?"

"한자어라 좀 어렵게 느껴지지? 그래도 알아 두는 것이 좋아. 앞으로 자주 나올 테니까."

아이들이 어쩔 수 없다는 듯이 쩝, 소리를 냈어요.

"또 뭐가 남 있어?"

"소리의 세기와 울림? 그건 또 뭐지?"

"너희도 된소리라는 말은 들어 봤지?"

"앞에 쌍 자가 들어가는 자음들 말하는 거지?"

"응, 운소가 잘 알고 있구나."

"치, 나도 알아!"

"아, 미안, 미안."

삼촌이 미안하다는 뜻으로 손을 내밀고는 말했어요.

"자, 소리의 세기로 자음을 나누어 보자. 먼저, ㅊ, ㅋ, ㅌ, ㅍ을 거센소리라고 해. 그리고 너희가 말했듯이 앞에 쌍 자가 붙은 ㄲ, ㄸ, ㅃ, ㅆ, ㅉ을 된소리라고 하지. 마지막으로 ㄱ, ㄷ, ㅂ, ㅅ, ㅈ은 예사소리라고 불러."

"무슨 차이지?"

"숨을 얼마나 세게 내쉬느냐에 따라 달라지는 것 같아."

"맞았어. 그리고 자음 소리 가운데는 우리 입안이나 코안에서 울려서 나는 소리가 있어. 비음인 ㄴ, ㅁ, ㅇ과 유음 ㄹ이 바로 이런 소리인데, 이런 소리는……."

운소가 삼촌의 말을 끊었어요.

"울림소리라고 하겠네."

"하하, 맞았어. 울림소리 또는 유성음이라고 하지. 그리고 나머지는 모두……."

이번에는 음소가 삼촌 대신 말했어요.

"안울림소리라고 하겠지?"

"오호라, 좋아. 맞았어. 안울림소리 또는 무성음이라고 하지."

"그럼, 거센소리, 된소리, 예사소리가 모두 무성음이겠네."

운소가 단번에 정리를 해냈어요. 삼촌이 씩 웃으며 고개를 끄덕였어요.

"역시 우리 조카들 똑똑하네."

음소가 얼굴을 찡그리며 말했어요.

자음의 종류

소리가 나는 곳에 따라
    입술소리: ㅁ, ㅂ, ㅃ, ㅍ
    잇몸소리: ㄴ, ㄷ, ㄸ, ㅌ, ㄹ, ㅅ, ㅆ
    센입천장소리: ㅈ, ㅉ, ㅊ
    여린입천장소리: ㄱ, ㄲ, ㅋ, 받침 ㅇ
    목청소리: ㅎ

소리를 내는 방법에 따라
    콧소리(비음): ㄴ, ㅁ, ㅇ
    흐름소리(유음): ㄹ

소리의 세기에 따라
    거센소리: ㅊ, ㅋ, ㄷ, ㅍ
    된소리: ㄲ, ㄸ, ㅃ, ㅆ, ㅉ
    예사소리: ㄱ, ㄷ, ㅂ, ㅅ, ㅈ

소리의 울림 유무에 따라
    울림소리(유성음): ㄴ, ㅁ, ㅇ, ㄹ
    안울림소리(무성음): 거센소리, 된소리, 예사소리

"아이, 그런데 자음의 종류를 다 알아야 해?"

"뭐, 그럴 필요는 없겠지만, 알아 두면 문법을 공부할 때 좋으니까 기억하도록 하자. 자, 오늘은 이것으로 끝!"

"아유! 시간이 벌써 이렇게 됐네."

"삼촌, 배고파!"

"그래, 뭐 맛있는 것 좀 먹으러 갈까?"

아이들이 '와!' 하고 소리를 질렀어요.

> 모음은 발음할 때 아무런 방해를 받지 않고 나는 소리이고, 자음은 입안에서 소리가 막히기도 하고 혀가 이에 부딪히기도 하는 등 뭔가 방해를 받고 나는 소리다.

음절의 끝소리 규칙

'낫'을 소리 나는 대로 쓰면 [낫]? [낟]?

"안녕, 삼촌?"

연구소 문이 열리더니 쌍둥이 음소와 운소가 합창을 했어요.

"응, 어서 오너라. 우리 쌍둥이!"

문법 삼촌이 탁자에 꽃병을 올려놓으며 쌍둥이를 반가이 맞아 주었어요.

"와, 예쁜 장미네."

윤소기 환한 미소를 지었어요. 그런데 음소는 꽃에는 별로 관심이 없는 것 같았어요. 음소가 자리에 앉아 공책을 펴자 운소도 자리에 앉았어요.

"삼촌, 우리 오늘은 뭐 공부해?"

"오늘은 음절의 끝소리 규칙에 대해서 알아보자."

삼촌이 화이트보드에 '음절의 끝소리 규칙'이라고 썼어요.

꼭 붙어 다니는 자음과 모음

"삼촌, 그런데 음절이 뭐야?"

삼촌은 그 질문이 나올 줄 알았다는 듯이 고개를 끄덕였어요. 그리고 다시 화이트보드에 ㄱ, ㄴ이라고 썼어요.

"이것을 소리 나는 대로 읽어 볼래?"

음소가 얼른 말했어요.

"기역, 니은!"

"기역, 니은? 하하하, 그것은 이 자음들의 이름이지, 소리 나는 대로 읽은 건 아니잖아."

운소가 얼른 물었어요.

"그럼 어떻게 읽어야 해? 읽을 수가 없는데……."

"그렇지? 우리말에서는 자음만으로는 소리를 낼 수 없어. 그래서 가, 너처럼 꼭 모음을 붙여서 읽지."

"그럼 외국어에서는 자음만으로도 소리를 낼 수 있어?"

음소가 고개를 갸웃했어요.

삼촌이 다시 화이트보드에 spring을 썼어요.

"스프링!"

"봄이라는 뜻이잖아!"

운소가 먼저 대답하자, 음소도 이 정도는 안다는 듯이 소리를 질렀어요.

"그렇지?"

삼촌은 씩 웃더니, 물었어요.

"이 단어에서 자음이 뭐 뭐지?"

"음… s, p, r이 자음이지."

"마지막 n, g도 자음이고."

"둘 다 잘 알고 있구나. 그런데 s, p 다음에는 모음이 없잖아? ring은 링이라고 발음된다고 치고."

"응, 모음이 없네."

"그런데도 너희들은 '스프링' 하고 발음했잖아."

"정말, 영어에서는 모음 없이 자음만으로도 발음을 할 수 있구나."

"그렇지? 그런데 우리말에서는 자음만 있으면 발음을 할 수가 없어. 그래서 아까 말했듯이 가, 너처럼 꼭 모음을 붙여서 발음하지. 물론 ㅏ, ㅓ와 같은 모음은 모음만 있더라도 발음할 수 있지. 다만 ㅏ, ㅓ라고 쓰지 않고, 아, 어라고 ㅇ을 붙여서 써야 해. 이때의 ㅇ은 받침 이응과는 달라서 소리가 없는 이응이야. 그냥 모양을 내기 위해 붙여 쓰는 동그라미 같은 것이지. 어쨌든 가, 너, 아, 어처럼 한 번에 소리를 낼 수 있는 가장 작은 덩어리를 음절이라고 한단다."

"아하!"

쌍둥이가 동시에 고개를 끄덕했어요. 그러더니 운소가 눈을 깜박깜박했어요.

받침이 음절의 끝소리

"그럼 음절의 끝소리라는 것은 뭐야?"

"끝소리, 끝에 나는 소리라는 뜻이야. 여기 꽃이 있잖아."

삼촌이 꽃병에 꽂혀 있는 장미를 가리켰어요.

"꽃은 소리를 낼 수 있는 작은 덩어리이니까 음절이지? 꽃이라는 음절의 끝에 나는 소리가 무엇일까?"

"ㅊ이잖아."

음소가 당연한 것을 물어본다는 듯이 얼른 대답했어요.

"맞아. ㅊ이 꽃이라는 음절의 끝소리인 거지."

"그럼 결국 받침을 말하는 거네?"

운소가 말하자, 삼촌이 미소를 지었어요.

"맞아. 받침을 말하는 거지."

삼촌이 화이트보드에 이번에는 낯이라는 글자를 썼어요.

"이 글자를 소리 나는 대로 써 볼래?"

"글자 그대로 소리 나는 거 아닌가?"

음소가 고개를 갸우뚱하며 공책에 [낫]이라고 썼어요. 그것을 보고 이번에는 운소가 고개를 갸우뚱했어요.

"아닌 것 같은데……."

그러더니 운소는 [낟]이라고 썼어요.

"응, 운소가 쓴 게 맞아. [낫]이라고 알고 있는 사람도 있겠지만 소리 나는 대로 써라, 하면 [낟]이라고 ㄷ 받침을 써야 해. 그럼 이 낱말들은 어떻게 읽을까?"

삼촌이 다시 화이트보드에 낮, 낯, 낱, 낳이라고 썼어요. 음소가 큰 소리로 읽었어요.

"[낟, 낟, 낟, 낟]!"

"후후후, 모두 [낟]이라고 소리 나지? 이처럼 ㅅ, ㅈ, ㅊ, ㅌ, ㅎ 받침은 모두 ㄷ으로 소리가 바뀌어 나. 그래서 ㄷ을 ㅅ, ㅈ, ㅊ, ㅌ, ㅎ 자음의 대표음이라고 부른단다. 물론 ㅆ도 포함되어야겠지."

"ㅅ, ㅈ, ㅊ, ㅌ, ㅎ. 와, 복잡하다!"

"하하하, 복잡하니? '사자가 차를 타고 하하 웃는다.' 하고 외우면 쉽겠지?"

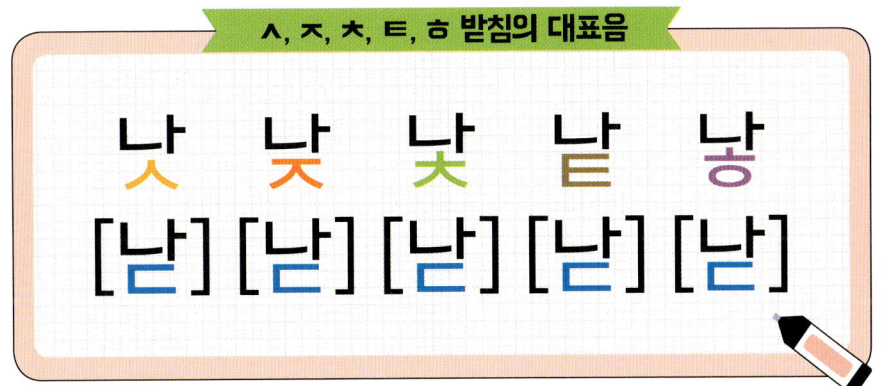
ㅅ, ㅈ, ㅊ, ㅌ, ㅎ 받침의 대표음

낫 낮 낯 낱 낳
[낟] [낟] [낟] [낟] [낟]

"그런데 왜 ㅅ이 대표음이 아니고 ㄷ이 대표음이야?"

낯을 소리 나는 대로 쓰라는 말에 [낟]이라고 썼던 음소가 물었어요. 삼촌은 화이트보드에 낫 위, 꽃 안이라고 썼어요. 그러고는 음소에게 말했어요.

"이것을 한번 소리 내서 읽어 볼래?"

"[나뒤], [꼬단]."

"어때? ㅅ하고 ㅊ이 ㄷ으로 바뀌어서 소리 나지?"

"응. 아하, 그래서 ㄷ을 대표음이라고 하는 거구나."

"그렇지. 그럼 이 단어는 어떻게 소리 날까?"

삼촌이 밖, 부엌, 닭을 썼어요. 이번에는 음소와 운소가 똑같은 답을 썼어요.

"[박, 부억, 닥]."

운소가 "앗!" 하고 소리를 질렀어요.

"ㄲ, ㅋ, ㄹㄱ이 ㄱ으로 바뀌어 소리가 나네. 그럼 ㄱ이 ㄲ, ㅋ, ㄹㄱ의 대표음인 거야?"

삼촌이 고개를 크게 끄덕였어요.

"그럼 이건 어때?"

삼촌이 이번에는 잎, 없이라고 썼어요. 그러자 음소가 얼른 [입, 업]이라고 공책에 쓰더니 큰 소리로 말했어요.

"ㅍ과 ㅄ은 ㅂ으로 바뀌어 소리가 나. 대표음이 ㅂ이란 뜻이지."

음절의 끝소리 규칙

ㄱ ← ㄲ, ㅋ, ㄺ, ㄳ
ㄴ ← ㄵ, ㄶ
ㄷ ← ㅅ, ㅆ, ㅈ, ㅊ, ㅌ, ㅎ
ㄹ ← ㄽ, ㄾ, ㅀ
ㅁ ← ㄻ
ㅂ ← ㅍ, ㅄ, ㄼ, ㄿ
ㅇ

"아주 잘 알아맞혔어. 이렇게 살펴보면 우리말에서 음절의 끝에 발음되는 자음은 ㄱ, ㄴ, ㄷ, ㄹ, ㅁ, ㅂ, ㅇ 일곱 개뿐이야. 이 일곱 개 자음 외에 다른 자음이 받침으로 오면 이 일곱 개 자음 가운데 하나로 바뀌어 발음되지. 이러한 규칙을 음절의 끝소리 규칙이라고 한단다."

"아하, 그렇구나."

"일곱 개 자음을 쉽게 외우는 방법은 없어?"

음소가 울상을 지었어요. 삼촌이 훗, 하고 웃었어요.

"그냥 둘리만 보여!"

그러자 운소가 더 좋은 생각이 있다고 했어요.

"가느다란 물방울!"

"오, 좋아, 좋아! 어떻게 외우든 상관없겠지. 하지만 발음해 보면 알 수 있잖아. 꼭 외우지 않아도 말이야!"

외울 필요가 없다는 삼촌의 말을 듣고도 쌍둥이는 열심히 외우는 눈치였어요.

음절의 끝에 발음되는 자음은
'ㄱ, ㄴ, ㄷ, ㄹ, ㅁ, ㅂ, ㅇ' 일곱 개뿐이다.
이것을 음절의 끝소리 규칙이라고 한다.

자음 동화

[선능] 가니, [설릉] 가니?

오늘도 열심히 문법 공부하는 날.

연구소 문이 열리고 쌍둥이가 들어왔어요.

"삼촌, 안녕?"

"응, 어서들 와!"

삼촌이 탁자 위에 있던 잡지와 신문을 치우며 말했어요.

"어제 엄마랑 소풍 갔다더니, 재미있었니? 어디로 갔었어?"

"[선능]에 갔었는데, 별로 재미없었어. 맛있는 것도 안 팔고."

"나와서 김밥 사 먹었잖아. 나는 [설릉]이 넓고 시원해서 괜찮았어."

"응, 그랬구나. 그런데 재미있다."

"뭐가?"

아이들이 공책을 펼치다 말고, 삼촌을 바라보았어요.

만나면 소리가 닮는 자음들

"음소는 [선능], 운소는 [설릉]이라고 발음해서 말이야."

아이들은 아무 대답 없이 삼촌 얼굴만 물끄러미 바라보았어요. 그런 생각은 한 번도 해 본 적이 없다는 표정으로.

"다들 [선능]이라고 하지 않나?"

"다들? 그럼 나는 뭐야? 나는 [설릉]이라고 발음하는데."

운소가 삐죽거렸어요.

"그래, [선능]이라고 발음하는 사람도 있고, [설릉]이라고 하는 사람도 있지. 어떤 발음이 맞을까? 그럼 너희들, 이 단어는 어떻게 읽니?"

삼촌이 화이트보드에 **난로**라고 썼어요. 아이들이 입을 맞추어 소리를 냈어요.

"[날로]!"

"그럼 이 단어는?"

삼촌이 이번에는 **신라**라고 썼어요. 아이들은 이번에도 당연하다는 듯이 입을 모았어요.

"[실라]!"

"두 단어의 공통점이 무엇이지?"

"음… 첫 번째 글자 끝소리는 ㄴ이고."

"두 번째 글자의 첫소리는 ㄹ이라는 것이지."

"그렇지. ㄴ이 ㄹ을 만난다는 것이 두 단어의 공통점이지. 그런데 너희는 왜 ㄹㄹ로 발음하니?"

"누구나 다 그렇게 읽으니까 그렇지."

"ㄴ 받침을 발음하고 ㄹ 소리를 내면 힘드니까 ㄹㄹ로 발음하는 거 아닐까?"

"그렇지? 우리나라 사람들은 ㄴㄹ을 ㄹㄹ로 발음하지? ㄴ을 뒤에 오는 글자 첫소리인 ㄹ로 살짝 바꾸어 발음해. 그게 편하니까. 이렇게 발음하지 않으면 틀린 발음이 되는 거야."

"그럼 선릉도 [선능]이 아니라 [설릉]이라고 발음해야겠구나!"

"거봐! 나는 항상 맞게 발음한다니까!"

"하하, 잘난 체하기는. 그렇다 치고, ㄴㄹ뿐 아니라 ㄹㄴ도 ㄹㄹ로 변해. 이런 단어에는 뭐가 있을까?"

음소가 질 수 없다는 듯이 말했어요.

"ㄹㄴ? 설날?"

운소라고 가만있을 수 없지요.

"칼날!"

"응, 아주 좋아! 각각 [설랄, 칼랄], 이렇게 발음되지? 이렇게 음절의 끝 자음이 그 뒤에 오는 자음과 만날 때, 어느 한쪽이 다른 쪽 자음과 같은 소리로 바뀌어 소리가 나는 것을 자음 동화라고 한단다."

"자음 동화? 자음만 나오는 동화인가?"

유음화

| 난로 | 신라 | 선릉 | 설날 | 칼날 |
| [날로] | [실라] | [설릉] | [설랄] | [칼랄] |

"그 동화가 아니잖아. 같아진다는 뜻이지!"

운소가 음소에게 핀잔을 놓았어요.

"농담이야, 농담! 아, 농담이 안 통하는 이 답답한 여동생이여!"

"내가 누나라니까! 그리고 농담에 장단도 못 맞추니?"

"하하, 맞아. 같을 동(同)에 될 화(化), 같아진다는 뜻이야. 이 경우는 원래는 유음이 아닌 ㄴ이 유음 ㄹ로 바뀌었으니까 유음화라고 불러. 유음이 되었다는 뜻이지."

"드디어 유음이라는 낱말이 나오는구나."

"이래서 알아 두어야 한다고 한 거지, 삼촌?"

"맞아. 그런데 자음 동화라고는 하지만, 꼭 같아지기만 하는 것은 아니야. 이 단어를 한번 볼래?"

삼촌이 이번엔 화이트보드에 국물, 밥물, 닫는다 라고 썼어요.

"[궁물, 밤물, 단는다]."

"뭐가 어떻게 바뀌었는지 알겠니?"

"ㄱㅁ이 ㅇㅁ, ㅂㅁ이 ㅁㅁ, ㄷㄴ이 ㄴㄴ으로 바뀌었네."

비음화

| 국물 | 밥물 | 닫는다 | 종로 | 음력 |
| [궁물] | [밤물] | [단는다] | [종노] | [음녁] |

"이번에는 뒤에 오는 자음 때문에 앞글자의 받침이 바뀌었어."

"맞아. ㄱ, ㅂ, ㄷ이 받침 뒤에 오는 ㅁ, ㄴ을 만나서 비음인 ㅇ, ㅁ, ㄴ으로 바뀌었지. 이런 경우도 자음 동화라고 해. 비음이 아닌 소리가 비음으로 바뀌었으니 비음화라고 불러. 마찬가지로 비음이 되었다는 뜻이지. 이런 경우도 한번 볼까?"

삼촌은 종로, 음력이라고 썼어요.

"[종노, 음녁]."

"이번에는 뭐가 어떻게 바뀌었지?"

"음… ㄹ이 ㅇ, ㅁ을 만나 ㄴ으로 바뀌었어."

"ㄴ이라는 비음으로 바뀌었으니까 이것도 비음화겠네."

"맞았어. 이렇게 비음이 아닌 자음이 비음으로 바뀌면 모두 비음화라고 할 수 있어. 그런데 지금까지는 두 자음이 만나서 한 자음만 바뀌었지? 그런데 두 자음이 모두 바뀌는 비음화도 있어."

만나면 소리가 바뀌는 자음들

"그런 게 있어?"

운소가 신기한 듯이 물었지만, 음소는 시큰둥한 표정을 지었어요. 삼촌은 화이트보드에 백로라고 썼어요.

"[뱅노]."

"응? ㄱ과 ㄹ이 모두 바뀌었네. 신기하다."

"그럼 독립도 마찬가지겠네. [동닙], 두 글자가 바뀌잖아."

"응, 음소가 잘 말해 주었어. 문 자를 보태 독립문이라고 하면 [동님문], 한 단어 안에서 비음화가 무려 세 번이나 일어나지."

"우아, 신기하긴 하지만… 삼촌, 나 배고파!"

음소가 투덜거렸어요. 삼촌이 시계를 보았어요.

"그래? 뭐 좀 먹고 할까? 너희들 뭐 먹고 싶니?"

"나는 라면!"

"나도 라면 먹고 싶어. 매운 라면, 신라면."

두 자음 또는 세 자음의 비음화

백로	독립	독립문
[뱅노]	[동닙]	[동님문]

"신라면? 좋아. 나도 얼큰한 게 당기는구나."

"삼촌, 물은 내가 올릴게."

운소가 밝은 목소리로 말했어요. 그러자 삼촌이 찬장에서 라면 봉지 세 개를 꺼내면서 말했어요.

"그런데 너희, [실라면] 먹을래, [신나면] 먹을래?"

"삼촌은 이 와중에 문법 문제를 내는 거야? 아까 배운 대로 하면 [실라면]이 맞겠네."

음소가 탁자를 치우면서 말했어요. 운소도 거들었어요.

"신의 ㄴ이 라면의 ㄹ을 만나 ㄹㄹ. 자음 동화이자, 유음화!"

삼촌이 그럴 줄 알았다는 듯이 씩, 웃으며 말했어요.

"지금까지 배운 대로만 하면 그렇겠지. 하지만 틀렸어!"

"응, 왜?"

아이들 모두 놀랐어요. 삼촌이 다시 화이트보드에 생산량, 등산로라고 썼어요.

"이 단어들은 어떻게 읽을까?"

"[생살량], [등살로]."

"그런데 조금 이상하다. [등살로]? 고기 굽는 소리가 나는 것 같아."

운소도 입을 내밀었어요. 삼촌이 말했어요.

"어떤 단어를 어떻게 읽어야 할지 모를 때, 어떻게 해야 할까?"

아이들 눈이 서로 마주쳤어요.

유음화 대신 비음화가 일어나는 경우

생산량   등산로
[생산냥]   [등산노]

'어떻게 해야 해?'

"단어의 뜻을 모를 때 사전을 찾아보듯이, 정확한 발음을 모를 때도 사전을 찾아보면 돼."

"사전에 발음도 나와 있어?"

아이들이 동시에 가방에서 휴대 전화를 꺼냈어요. 그러고는 단어를 사전에서 검색하기 시작했어요. 그 틈에 삼촌은 라면을 끓는 물에 넣었어요. 조금 있다 음소가 먼저 말했어요.

"여기 있다. 발음이라고 딱 나와 있네, [생산냥]."

"나도 찾았어. [등산노]. 삼촌, 이럴 때는 왜 자음 동화가 안 돼?"

"자음 동화가 안 되는 것이 아니라, 원래는 ㄹㄹ로 유음화가 되어야 하는데, ㄴㄴ으로 비음화가 된 거지. 자음 동화가 된 거야."

"그렇구나. 그런데 왜 이럴 때는 비음화가 되는 거야? 원래 규칙하고 다르게."

"규칙과는 다르게 자음 동화를 하니까 사전에도 발음이 따로 나와 있는 거야. 이 단어들의 공통점은 무엇일까?"

아이들이 동시에 고개를 갸우뚱했어요. 하지만 이럴 때 답을 먼저 찾는 것은 대개 운소였지요.

"혹시 생산, 등산이라는 단어와 관계가 있나?"

"맞았어. 생산, 등산이라는 단어는 홀로 쓰일 수가 있잖아. 이 경우에는 유음화가 아니라 비음화가 일어나. ㄴㄴ으로 발음한다는 뜻이지."

음소가 말했어요.

"그럼 신라면도 [실라면]이 아니라 [신나면]이 맞겠네."

"그래. 라면이 홀로 쓰일 수 있는 단어잖아."

운소가 음소의 말에 동의했어요. 삼촌이 흐뭇해서 미소를 짓고 있다가 깜짝 놀라 소리를 질렀어요.

"으악! 라면 다 불었겠다!"

음절의 끝 자음이 그 뒤에 오는 자음과 만날 때, 어느 한쪽이 다른 쪽 자음과 비슷하거나 같은 소리로 바뀌기도 하고, 양쪽이 다 바뀌기도 하는 현상을 자음 동화라고 한다.

구개음화

'센티미터'일까, '센치미터'일까?

"아, 내가 일 [센치] 더 크다니까!"

운소가 소리를 지르면서 연구소에 들어섰어요. 뒤이어 음소가 소리치는 소리도 들렸지요.

"일 [센치]는 무슨! 똑같다니까."

"어서들 와라. 그런데 뭐 때문에 그렇게 싸우고 있니?"

"아침에 둘이 키를 쟀거든. 그런데 운소가 자꾸 우기잖아. 자기가 일 [센치] 더 크다고."

"내가 누나니까 당연히 더 크지. 정확히 쟀는데도 우길래?"

삼촌이 하하, 웃으며 말했어요.

"도토리 키 재기라더니. 자, 우유 마시고 둘 다 쑥쑥 커라."

아이들은 다투느라 목이 말랐던지 우유를 벌컥벌컥 마셨어요. 우유 잔을 내려놓은 아이들에게 삼촌이 물었어요.

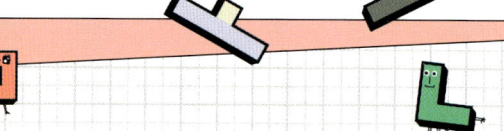

발음하기 쉬운 소리로 변신

"그런데 너희들 아까 일 [센치]라고 했잖아."

"아, 일 [센치]가 아니라 똑같다니까. 눈곱만큼 차이가 있을지 몰라도."

음소가 다시 도끼눈을 떴어요.

"아, 아니, 그 이야기를 하려는 게 아니라……."

삼촌이 얼른 손사래를 쳤어요.

"너희들 센치를 글자로 한번 써 볼래?"

아이들이 화이트보드에 센티라고 썼어요.

"응, 좋아. 그런데 왜 센티라고 써 놓고 [센치]라고 읽는 거니?"

아이들이 잠시 고개를 갸우뚱했어요. 당연한 것을 왜 묻냐는 듯이. 음소가 대답했어요.

"나들 [센치]라고 읽넌네. 원래는 센티미터라고 쓰지만."

"같이도 [가티]라고 안 읽고 [가치]라고 읽잖아. 그러니까 센티도 [센치]라고 읽는 거 아니야?"

운소가 예를 들어 말했어요.

"음, 좋은 예를 들었구나. 같이를 글자 그대로 읽는다면 [가티]라고 읽어야겠지. 하지만 아무도 [가티]라고 읽지 않고 [가치]라고 읽지. 또 [가치]라고 읽어야 맞고. 이와 비슷한 예가 또 있어. 이건 어떻게 읽을까?"

삼촌은 화이트보드에 굳이라고 썼어요.

"[구지]."

아이들이 입을 맞추어 소리를 냈어요.

"맞아. 이것도 [구디]라고 읽지 않고 [구지]라고 읽어야 하지? 이처럼 ㄷ이나 ㅌ 다음에 ㅣ가 오면 디→지, 티→치로 바꾸어 발음하는데, 이런 현상을 구개음화라고 해. 원래 구개음이 아니던 ㄷ, ㅌ이 구개음, 즉 입천장소리인 ㅈ, ㅊ으로 바뀌는 현상이지."

"구개음화? 어렵네."

음소가 입을 삐죽거렸어요.

"어렵니? 그럼, 비슷한 예를 더 찾아볼까?"

"ㄷ, ㅌ이 ㅣ를 만나는 것이라면……."

"해돋이! [해도지]라고 읽지."

"붙이다! [부치다]라고 읽고."

"응, 좋아. 맏이, 밭이도 [마지, 바치]라고 읽지. 모두 구개음화의 예들이야."

운소가 고개를 끄덕이다가 갑자기 이마에 주름을 잡았어요. 뭔가 마음에 안 드나 봐요.

"삼촌, 그런데 왜 이렇게 발음하는 거야? 글자 그대로 읽으면 될 텐데."

"물론 발음하기가 더 편해서 그런 거라고 봐야지. 실제로 발음을 해 보렴. 디, 티보다 지, 치가 발음하기 더 편하지?"

아이들이 소리 내어 디, 지, 티, 치 발음을 해 보았어요.

구개음화

같이   굳이   해돋이   맏이   밭이   붙이다
[가치] [구지] [해도지] [마지] [바치] [부치다]

"정말 더 편하긴 하네."

"그런데 왜 그런 거지?"

"ㅈ, ㅊ이 소리 나는 센입천장과 거의 같은 곳에서 ㅣ도 발음되기 때문이야."

아이들이 다시 한번 발음해 보더니 맞는다는 듯이 고개를 끄덕끄덕했어요.

"ㅣ 모음뿐만 아니라 ㅑ, ㅕ, ㅛ, ㅠ에 숨어 있는 반모음 ㅣ를 만나도 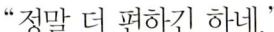구개음화가 일어나. 예를 들어 붙여, 닫혀도 [부텨→부쳐→부처], [다텨→다쳐→다처]로 소리 나지."

"응, 알겠어. 그런데 이상하다?"

운소가 고개를 갸우뚱했어요.

"그럼 잔디도 [잔지]라고 읽어야 하는 거야?"

"맞아, 잔디의 디도 ㄷ+ㅣ인데……."

음소가 맞장구를 쳤어요.

원칙에 맞게 발음하기

"음, 아주 좋은 지적을 했어. ㄷ과 ㅌ이 ㅣ 모음을 만난다고 해서 구개음화가 항상 일어나는 것은 아니야. ㅣ 모음으로 시작하는 단어가 고정된 형태의 단어일 때는 구개음화가 일어나지 않아. 예를 들어 잔디나 느티나무처럼 원래가 고정된 단어들에서는 구개음화가 일어나지 않아."

"하긴 [잔지, 느치나무]라고 읽는 사람은 아무도 없지."

"그렇지? 그리고 마디, 부디, 어디 같은 단어도 마찬가지지. 구개음화가 일어나지 않고, 글자 그대로 소리가 나지."

"그럼 같이, 굳이 이런 단어는 고정된 형태의 단어가 아니야?"

"같이는 같다에서 온 말이고, 굳이는 굳다에서 온 말이야. 형태가 변했지? 이처럼 형태가 변화되어 생긴 단어에서는 구개음화가 일어난단다."

음소가 갑자기 생각났다는 듯이 말했어요.

"그럼 센티는 어떻게 되는 거야? 고정된 형태의 단어니까……."

"[센치]라고 발음하면 안 되고 [센티]라고 해야 맞겠다."

"역시 똑똑한 우리 조카들이야!"

아이들이 어깨를 으쓱거렸어요.

"그리고 원래 구개음화가 일어나지도 않는 곳에서 구개음화를 일으켜도 안 돼!"

"그건 또 무슨 소리야, 삼촌?"

"이건 어떻게 읽어야 할까?"

삼촌이 화이트보드에 밭을, 곁을 두 단어를 썼어요.

"[바츨], 아니 [바틀]인가?"

"[바틀]이지, [겨틀]이고. 삼촌, 맞지?"

"응, 운소가 잘 읽었어. 구개음화는 ㄷ, ㅌ이 ㅣ 모음을 만나서 일어나는 현상이라고 했잖아. 다시 말해 ㅣ 모음이 아닐 때는 구개음화가 일어나지 않아. 밭을, 곁을에서는 ㅌ이 ㅡ 모음을 만나잖아. 그러니까 [바츨, 겨츨]이라고 발음해서는 안 되고 [바틀, 겨틀]이라고 글자 그대로 발음해야 맞는 거야. 그런데 틀리게 발음하는 사람이 아주 많지."

"구개음화를 너무 적극적으로 써먹는 거구나."

"걱정하지 마, 삼촌. 우리는 아주 제대로 발음할 거니까."

"암, 그래야지!"

삼촌이 엄지척을 해 보였어요.

ㄷ이나 ㅌ 다음에 'ㅣ'가 오면 'ㄷ → 지, ㅌ → 치'로 바꾸어 발음하는데, 이런 현상을 구개음화라고 한다.

모음 동화와 모음 조화

쌍둥이는 괴기를 좋아해!

"와, 할머니 오셨으니 오늘 저녁 메뉴는 불고기겠네!"

쌍둥이가 연구소 탁자에 앉아서 즐겁게 얘기하고 있어요.

"그런데 할머니는 이상해!"

"우리 엄마가 뭐가 이상하니?"

"우리 엄마?"

"너희 할머니가 우리 엄마라는 것, 잊었니?"

쌍둥이가 조금 놀라는 듯하더니 이내 입을 하, 벌렸어요.

"아, 그렇지! 삼촌 엄마가 우리 할머니지!"

"어쨌든 우리 엄마가 뭐가 이상하냐고."

"할머니는 고기를 꼭 '괴기'라고 해."

"우리 쌍둥이들은 괴기를 좋아하지. 애비 닮아서……."

운소가 할머니 흉내를 내자, 삼촌이 피식 웃었어요.

모음이 서로 닮는 모음 동화

"괴기 얘기가 나왔으니 오늘은 모음 동화를 공부해야겠구나."

"모음 동화?"

"모음이 서로 같아지는 건가?"

"응, 꼭 같아지는 것은 아니고, 뒤에 오는 모음의 영향을 받아 성질이 비슷한 모음으로 바뀌는 것을 모음 동화라고 해. 할머니처럼 고기를 괴기라고 하고 아비를 애비라고 하는 것이 모음 동화지. 괴기나 애비뿐만 아니라, 지팡이를 지팽이, 먹이다를 멕이다로 말하는 사람들도 있지 않니?"

"응, 들어 봤어."

"그런데 무슨 모음이 무슨 모음의 영향을 받았다는 거야?"

"고기에서 괴기로 바뀔 때는 ㅗ가 ㅚ로 바뀌었지? 아비에서 애비는 ㅏ에서 ㅐ로 바뀌었고."

운소가 삼촌의 말을 보충하고 나섰어요.

"지팡이에서 지팽이로 바뀔 때는 ㅏ가 ㅐ로 바뀌고, 먹이다에서 멕이

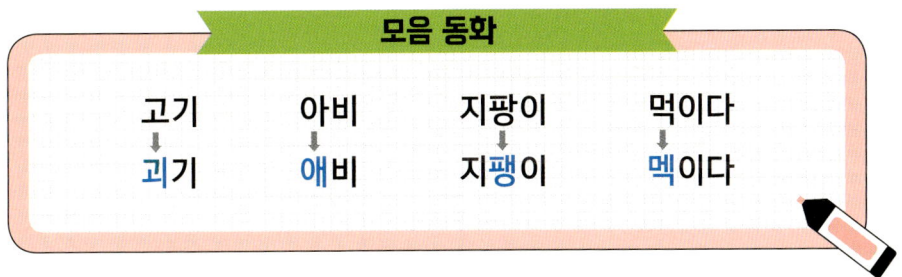

다로 바뀔 때는 ㅓ가 ㅔ로 바뀌었네."

"무엇 때문에 이렇게 바뀌는 거지?"

음소가 고개를 갸우뚱했어요.

"바뀌는 글자 뒤에 어떤 글자들이, 다시 말해서 어떤 모음들이 왔는지 살펴볼까?"

"고기에서는 ㅣ(기), 아비에서도 ㅣ(비)."

"지팡이에서는 ㅣ(이), 먹이다에서도 ㅣ(이). 모두 ㅣ 모음이 왔는데?"

"그렇지? 다시 말해 앞 글자에 있는 ㅏ, ㅓ, ㅗ, ㅜ 모음 다음에 ㅣ 모음이 오면, ㅣ 모음의 영향을 받아 ㅐ, ㅔ, ㅚ, ㅟ로 바뀌는 거지. 이것이 바로 모음 동화야."

"ㅣ 모음의 어떤 성질을 닮는 거지?"

"발음해 보면 알 수 있을 거야. ㅣ 모음은 입 앞쪽에서 소리가 나지? 이런 ㅣ 모음의 성질을 따라 입 뒤쪽에서 소리 나는 모음들을 발음하기 편하게 입 앞쪽에서 소리 나는 모음으로 살짝 바꾸어 소리를 내는 거지."

아이들이 ㅏ, ㅓ, ㅗ, ㅜ 발음을 하고는, 이어서 ㅣ, ㅐ, ㅔ, ㅚ, ㅟ를 다시 한번 소리 내어 발음해 보았어요. 삼촌이 말을 이었어요.

"하지만 이런 모음 동화는 표준 발음으로 인정하지 않는 경우가 대부분이야."

"에계! 그럼 다 사투리라는 말이야?"

"사투리도 우리말의 일종이니까 알아 두는 것이 좋지 않겠니? 게다가 모음 동화가 일어난 말 가운데는 표준어도 있으니까 말이야."

"그런 게 어디 있어?"

"예를 들어, 이제 남비는 틀린 말이고 냄비라고 해야 해. 마찬가지로 풋나기가 아니라 풋내기가 맞는 말이야. 그리고 당기다와 댕기다는 서로 다른 말이고."

"뭐가 그리 복잡해?"

전혀 다른 -장이와 -쟁이

"하하, 심지어 -장이와 모음 동화가 일어난 -쟁이는 쓰임새가 전혀 달라. 이것은 시험에도 자주 나오는 문제지."

시험이라는 말에 쌍둥이 귀가 번쩍 뜨였어요.

"구두 만드는 기술자를 구두장이라고 하니, 구두쟁이라고 하니?"

"구두장이라고 하지."

"구두장이 요정 이야기를 내가 얼마나 좋아하는데."

"잘 알고 있구나. 그럼 개구장이가 맞아, 개구쟁이가 맞아?"

"구두장이가 맞으니까 개구장이 아니야?"

음소가 자신 없는 목소리로 말하자, 운소가 고개를 저었어요.

"아니야, 개구쟁이가 맞아. 동화책에서 많이 봤어."

"그래, 운소 말이 맞아. 개구쟁이가 맞는 말이지. 이제 −장이와 −쟁이의 차이를 알겠니?"

아이들이 입을 쭉 내밀었어요. 잘 모르겠다는 뜻이지요.

"무언가 잘 모르겠을 때, 이럴 때 필요한 것이 뭐라고 했지?"

"사전!"

아이들이 소리를 지르더니 사전을 찾기 시작했어요.

음소가 울상을 지었어요.

"뭐야, 뜻풀이가 더 어려워. 속성이 뭐야?"

운소가 콧방귀를 뀌었어요.

"이까짓 게 뭐가 어려워? 속성이 뭐, 성질 그런 뜻 아니겠니?"

"후후, 맞아. 간단하게 이렇게 생각하면 돼. −장이는 기술자라는 뜻이야. 뭔가를 손으로 만들거나 고치는 사람을 뜻하지. 그러니까 기술자를 뜻할 때는 −장이를 쓰고 나머지 경우에는 −쟁이를 쓰면 되겠지."

"아하, 그럼 되겠구나!"

음소가 이제야 환하게 웃었어요.

> −장이: 그것과 관련된 기술을 가진 사람
> −쟁이: 그것이 나타내는 속성을 많이 가진 사람

"그럼 문제! 점을 치는 사람을 뭐라고 할까? 점쟁이, 점장이?"

"음… 기술자니까 점장이!"

음소가 자신 있게 말했는데, 이번에도 운소는 핀잔을 주었어요.

"점을 치는 것은 손으로 물건을 만들거나 하는 게 아니잖아. 점쟁이가 맞을 거 같아. 삼촌, 안 그래?"

"응, 운소 말이 맞아. 점을 치는 것은 손을 쓰는 기술이라고는 할 수 없지. 그리고 어떤 직업을 낮추어 말할 때도 -쟁이라는 말을 쓰지. 그래서 글을 쓰는 사람을 글쟁이, 그림을 그리는 화가를 그림쟁이, 이렇게 낮추어 부를 때도 있어."

"흥, 나는 맨날 틀리네."

음소가 입을 뾰족하게 내밀었어요.

삼촌이 씩 웃더니 다시 문제를 냈어요.

"그럼 양복장이와 양복쟁이는 서로 어떻게 다를까?"

이번에는 갑자기 음소가 손을 번쩍 들었어요. 마치 학교에서처럼.

삼촌도 선생님 흉내를 냈어요.

"음, 음소 학생, 대답해 보세요."

"양복장이는 양복을 만드는 기술자이고, 양복쟁이는 맨날 양복만 입고 다니는 사람. 맞지요, 선생님?"

"하하, 좋아. 아주 잘했어."

삼촌이 박수를 쳐 주었어요. 운소도 삼촌 따라 박수를 쳤어요.

"이제 모음 동화가 뭔지 확실히 알았을 거야. 뒤에 ㅣ 모음이 올 때, 앞 글자의 모음이 변하는 거지. 그런데 ㅣ 모음이 앞에 있을 때도 뒤에 오는 모음이 바뀔 때가 있어."

"어떤 경우에 그래, 삼촌?"

끼리끼리 어울리는 모음 조화

"예를 들어 태어나다 를 발음해 볼래?"

"[태여나다]."

음소가 자신 있다는 듯이 대답했어요.

"그래. 그럼 기어가다, 미시오, 아니오 도 발음해 보렴."

아이들이 입을 맞추어 발음했어요.

"[기여가다], [미시요], [아니요]."

"어때? 원래는 어 나 오 로 발음해야 하는데 여 나 요 로 발음되지?"

"응, 어 나 오 로 발음하기 힘들어."

"여 나 요 로 발음하는 것도 잘못 발음하는 거야?"

"응, 원래는 그렇게 발음하면 안 돼. 하지만 되어, 피어, 이오, 아니오 의 경우에는 [여, 요]로 발음하는 것도 허용한단다. 그러니까 [되어]라고 해도 맞고 [되여]라고 해도 맞는 거지."

"왜? 왜 그것만 허용하는 건데?"

삼촌이 어색한 표정을 지었어요.

"나도 잘 몰라. 너무나 많은 사람이 틀리게 발음하니까, 국어학자들도 '아이고, 하는 수 없군. 우리가 졌소. 마음대로들 하시오.' 하고 항복한 게 아닐까?"

"치, 엉터리."

"그런 게 어딨어?"

아이들이 볼멘소리로 말했어요. 하지만 아이들이 그러거나 말거나 삼촌은 얘기를 계속 이어 갔어요.

"우리는 지금 모음 이야기를 하고 있는데, 모음에도 밝은 소리가 있고 어두운 소리가 있다는 것을 알고 있니?"

"그런 것도 있어?"

"응, ㅏ, ㅗ는 밝고 가벼운 느낌을 주기 때문에 양성 모음이라고 하고, ㅓ, ㅜ, ㅡ, ㅣ는 어둡고 무거운 느낌을 주기 때문에 음성 모음이라고 해."

"그런데? 그래서 어쨌다고?"

삼촌이 머쓱한 표정을 짓고는 이야기를 계속했어요.

"우리말에는 같은 성질의 모음끼리 어울리려는 경향이 있어. 양성 모음은 양성 모음끼리, 음성 모음은 음성 모음끼리 어울리려 한다는 거지. 이것을 모음 조화라고 한단다."

아이들이 '뭔 소리래?' 하는 표정을 지었어요.

"예를 들어 양성 모음 ㅏ가 들어 있는 잡다라는 단어를 한번 보자. 잡다가 변하면 잡아, 잡아서, 잡았다 라고 계속 ㅏ가 들어 있는 말로 변하지 잡어, 잡어서, 잡었다 라고 ㅓ로 바뀌지 않잖아. 그리고……."

못 기다리겠다는 듯이 운소가 삼촌 말을 잘랐어요.

"그럼 먹다는? 먹어, 먹어서, 먹었다. 정말 ㅓ가 들어 있는 말은 ㅓ가 들어 있는 말로만 변하네?"

"그래. ㅣ 모음도 비어, 비어서, 비었다……. 모두 음성 모음 ㅓ가 들어가는 말로 변하지."

"그렇군. 양성은 양성끼리."

"음성은 음성끼리 조화롭게 어울린다, 이런 뜻이군요오."

음소가 개그맨 흉내를 내며 말했어요.

"이런 모음 조화는 흉내 내는 말에서 가장 잘 볼 수 있어. 흉내 내는 말은 알지? 초등학교 2학년 때 배우는 것이니까."

"응, 잘 알지. 모양을 흉내 내거나 소리를 흉내 내는 말. 알록달록, 살랑살랑, 뭐 이런 말들이지?"

"흉내 내는 말에서 모음 조화가 잘 나타난다고? 정말 그런가? 알록달록에서는 ㅏ, ㅗ, 살랑살랑에서는 ㅏ, ㅏ. 정말 그렇구나. 신기하네!"

음소가 운소의 말을 이었어요.

"그건 양성끼리 어울리는 거잖아. 음성끼리도 그런가? 얼룩덜룩, 설렁설렁. 그러네. 음성은 음성끼리 어울리네. ㅓ와 ㅜ, ㅓ와 ㅓ."

"그렇지? 양성은 양성끼리, 음성은 음성끼리 어울리지. 그래서 흉내 내는 말은 대개 짝을 이루지. 알록달록/얼룩덜룩, 살랑살랑/설렁설렁, 반짝반짝/번쩍번쩍, 찰싹찰싹/철썩철썩, 종알종알/중얼중얼 등등. 흔히 작은말/큰말로 이루어지는 짝이라고 하지. 모음 조화는 우리말의 특징 가운데 하나야."

"맞아. 큰말을 써라, 작은말을 써라, 시험 문제에 그런 게 나오기도 해."

"그런데 이상해, 삼촌."

'응? 뭐가?' 하는 표정을 지으며 삼촌이 윤소를 바라봤어요.

"깡충깡충은 어떻게 된 거야? 깡총깡총이 맞는 말인가?"

"맞아, 이상해. '깡충깡충 뛰면서 어디를 가느냐' 아닌가?"

"좋은 예를 들어 주었어. 깡충깡충이 맞는 말이지. 깡총깡총이라고 쓰면 틀린 말이고. 큰말은 껑충껑충이지. 어쨌든 요즘에는 모음 조화 현상이 거의 없어진 거 같아. 예를 들이 깨다, 내다 같은 경우는 모음 조화를 지켜서 발음하려면 깨아, 내아, 이렇게 발음해야 하겠지?"

"하지만 깨어, 내어라고 발음하지."

"맞아. 그리고 ㅂ다로 끝나는 말들은 전부 음성 모음 -워가 붙어."

"그런가? 가깝다-가까워, 아름답다-아름다워."

"맵다-매워, 괴롭다-괴로워. 정말 그러네. 전부 워가 붙어."

"하지만 예외도 있어. 돕다, 곱다만은 다르지?"

"돕다-도워? 곱다-고워? 아유, 이상해."

"돕다-도와, 곱다-고와. 정말 돕다와 곱다는 -와가 붙는구나."

"응, 그 두 단어에서는 아직 모음 조화가 지켜지고 있는 거지. 이뿐만이 아니라 사람이나 사물을 가리키는 말에서도 요즘에는 모음 조화가 안 지켜지고 있어. 예를 들어 오똑이가 아니라 오뚝이, 소꼽놀이가 아니라 소꿉놀이가 맞아. -동이/-둥이가 붙는 말들도 이제는 모두 -둥이로만 쓴단다. 그래서 막동이가 아니라 막둥이, 쌍동이가 아니라 쌍둥이가 됐지."

"그럼 길동이도 길둥이라고 써야 하나? 고길둥이, 홍길둥이. 크크."

음소가 농담을 했지만, 운소는 진지하기만 했어요.

"야, 그건 사람이잖아. 고길동, 홍길동, 이렇게 써야지."

운소 말에 음소는 흥, 하고 콧방귀를 뀌었답니다.

> 앞의 모음이 뒤에 오는 모음의 영향을 받아 성질이 비슷한 모음으로 바뀌는 것을 모음 동화라고 한다.
> 양성 모음은 양성 모음끼리, 음성 모음은 음성 모음끼리 어울리는 것을 모음 조화라고 한다.

된소리되기

신발은 [신기는] 것일까, [신끼는] 것일까?

연구소 문이 열리더니, 쌍둥이가 들어왔어요.

어? 그런데 쌍둥이만이 아니네요!

"어서들 와! 응? 방울이도 데려왔구나!"

방울이는 쌍둥이가 키우는 강아지 이름이에요.

"방울이는 얌전하니까 괜찮지? 방울아, 여기 앉아!"

방울이는 윤소기 시기는 대로 그 자리에 얌전히 앉았어요.

"방울이 신발도 [신:꼬] 있네."

"신발 [신끼지] 말자니까 윤소가 [신껴야] 한다고 우기지 뭐야."

"신발 안 [신기면] 발이 더러워지잖아. 그리고 햇볕이 강해서 땅바닥이 뜨거우니까 방울이 발도 보호해야 하고."

방울이 신발 벗기는 것을 보며 삼촌이 아이들에게 물었어요.

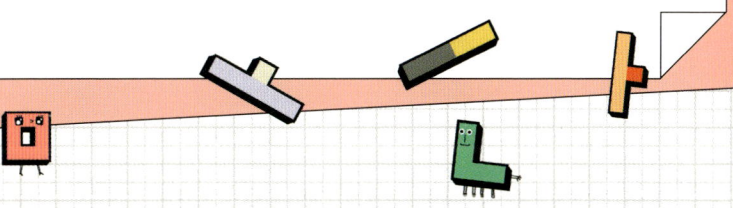

예사소리가 된소리로

"그런데 너희들 말하는 게 서로 다르다. 도대체 신발은 [신기는] 거니, [신끼는] 거니?"

아이들이 동시에 삼촌을 바라보았어요.

"응? [신기는]? [신끼는]?"

"둘이 다른가? [신기는], [신끼는]. 아, 다르구나. [신기는] 아니야?"

운소가 말하자, 음소가 고개를 저었어요.

"[신끼는]이지. 다들 [신끼는]이라고 발음하는 것 같은데?"

"의식 안 하고 발음하니까, 자기가 어떻게 발음하는지도 잘 모르겠지? 그럼 어느 발음이 맞는지 알아보기 위해서 오늘은 **된소리되기**에 대해 공부해 볼까?"

삼촌이 아이들에게 구수한 둥굴레차 한 잔씩을 주었어요.

"**된소리**가 무엇인지는 알고 있지?"

삼촌의 질문에 아이들은 뜨거운 차를 호호 불어 마시다가 대답했어요.

"앞에 쌍 자가 붙은 이름을 가진 자음들이잖아."

"ㄲ, ㄸ, ㅃ, ㅆ, ㅉ."

"응, 그렇지. 그럼 된소리되기란……."

음소가 삼촌의 말이 끝나기도 전에 얼른 대답했어요.

"된소리가 아닌 소리가 된소리로 바뀌는 현상을 말하는 거겠네."

된소리되기

학교	닫다	곱셈
[학꾜]	[닫따]	[곱쎔]

"딩동댕! 된소리가 아닌 소리, 즉 예사소리 ㄱ, ㄷ, ㅂ, ㅅ, ㅈ이 된소리인 ㄲ, ㄸ, ㅃ, ㅆ, ㅉ으로 바뀌는 현상을 된소리되기라고 하지."

"어떨 때 된소리되기 현상이 일어나는 거야?"

"먼저, 받침 ㄱ, ㄷ, ㅂ 뒤에 연결되는 ㄱ, ㄷ, ㅂ, ㅅ, ㅈ은 된소리로 발음하지. 예를 들어 볼까?"

"음… ㄱ 받침에 ㄱ 첫소리면… 학교[학꾜]?"

"ㄱ 받침에 ㅅ이면 국수[국쑤]?"

"좋아. 약밥, 곱셈처럼 ㄱ+ㅂ, ㅂ+ㅅ도 뒷소리가 된소리로 바뀌지? 이런 현상이 모두 된소리되기 현상이야. 이럴 경우는 발음해 보면 알겠지만, 뒷소리를 예사소리로 발음하는 게 더 힘들어. 그래서 아주 자연스러운 현상이라 표기할 때도 따로 표시하지 않지. [국쑤]라고 발음된다고 해서 국쑤라고 쓰지 않고 그냥 국수라고 쓴다는 뜻이야."

"그럼, 된소리를 표시할 때도 있어?"

"응, 앞 글자의 받침이 ㄱ, ㄷ, ㅂ이 아닌데도 뒤에 오는 소리가 된소리일 때는 표시를 해 줘. 살짝, 몽땅, 오빠 같은 단어들처럼 소리 나는 대로 적어 준다는 뜻이야."

"아하, 그렇구나."

"우리말은 소리 나는 대로 적는 것이 가장 기본적인 원칙이기 때문이야."

"된소리되기 현상이 나타나는 경우가 이것 말고 또 있어?"

"응, 몇 가지 되지. 움직임이나 모양을 나타내는 말이 변할 때 ㄴ, ㅁ 소리 뒤에 나오는 ㄱ, ㄷ, ㅅ, ㅈ 소리는 된소리가 되지."

"뭔 소리래?"

"예를 들어 방울이가 신발을 신고 있지? 이럴 때 신고는 [신ː꼬]라고 뒷소리가 된소리로 돼. -다, -게, -지, -고, -소 이런 식으로 변하면서 서로 다른 뒷소리가 와도 된소리가 되는 건 마찬가지야."

"신다[신ː따], 신게[신ː께], 신지[신ː찌], 신고[신ː꼬], 신소[신ː쏘], 이렇게 모두 된소리가 된다 이 말이지?"

"ㅁ의 경우도 그런가? 머리를 감다[감ː따], 감게[감ː께], 감지[감ː찌], 감고[감ː꼬], 감소[감ː쏘]. 그렇구나."

"ㄼ과 ㄾ 뒤에 ㄱ, ㄷ, ㅅ, ㅈ 소리가 올 때도 마찬가지지. 넓다와 핥다를 예로 들어 보자."

"넓다[널따], 넓게[널께], 넓지[널찌], 넓고[널꼬], 넓소[널쏘]."

"핥다[할따], 핥게[할께], 핥지[할찌], 핥고[할꼬], 핥소[할쏘]. 모두 된소리가 되는구나. 그럼 신발과 우산이라고 할 때도 [신발꽈]라고 읽어야 해? 이상한데."

"움직임이나 모양을 나타내는 말이 변할 때 된소리되기가 나타난다고 했잖아. 신발은 변하는 말이 아니니까 [신발과]라고 읽어야 하지. 또, 어떤 사람들은 영광된, 과장된이라는 말도 [영광뙨, 과장뙨]이라고 발음하기도 하는데, 이것도 틀린 발음이야. [영광된, 과장된]이라고 읽어야 하지. 영광, 과장이 변하는 말이 아니잖아."

"그렇군. 또 어떨 때 된소리되기가 일어나?"

"변하는 말의 끝소리가 ㄹ일 때, 된소리되기가 흔히 일어나지. 예를 들어 할 것을[할꺼슬], 할 수가[할쑤가], 갈 데가[갈떼가], 갈 곳[갈꼳], 만날 사람[만날싸람], 이런 식으로 말이야."

"그럼, 이런 경우도 된소리되기라고 할 수 있겠네. 할걸[할껄], 그럴지라도[그럴찌라도]."

운소가 몇 가지 예를 들자 음소도 질 수 없다며 나섰어요.

"어릴 적에[어릴쩌게], 볼세라[볼쎄라], 이것도 된소리되기시?"

"맞아. 아주 잘 알고 있구나. 흔히 한자어에서도 ㄹ 받침 뒤에 연결되는 ㄷ, ㅅ, ㅈ은 된소리로 발음하지. 한자어가 뭔지는 알지?"

"한자로 쓸 수 있는 말 아니야?"

음소가 말하자 삼촌이 고개를 끄덕였어요.

"그렇지. 한자를 바탕으로 만들어진 말을 한자어라고 하는데 ㄹ 받침으로 된 한자어가……."

삼촌이 예를 들려고 하자 운소가 얼른 말했어요.

"발전[발쩐]? 발동[발똥]?"

음소도 질 수 없지요.

"갈등[갈뜽]? 결단[결딴]?"

"좋아, 좋아. 이제 너희가 된소리되기가 뭔지 확실히 알게 된 것 같구나."

"삼촌, 그럼 신발을 신기다도 [신끼다]가 맞겠네?"

운소가 이맛살을 찌푸리면서 말했어요. '지금까지 내가 틀리게 발음한 건가?' 하는 운소 마음을 읽기라도 한 듯이 음소가 운소 약을 올렸어요.

"거봐! 내가 제대로 발음했다니까. [신끼다], 하하. 내가 표준 발음의 전문가다, 이거야!"

"하하, 잘난 체하기는. 하지만 틀렸어. [신끼다]가 아니라 [신기다]가 맞아."

"엥? [신:따], 신:꼬, 신:찌, 신:께, 신:쏘], 이렇게 된소리되기가 일어나는 것이 맞는다며? 그런데 왜 [신기다]야?"

음소가 강력하게 항의했어요. 운소도 궁금하다는 표정을 지었어요.

"신기다가 무슨 뜻이지? 언제 쓰는 말이야?"

삼촌이 재미있어 죽겠다는 듯이 싱글싱글 웃으면서 물었어요.

"방울이에게 신발을 신겨 준다. 그럴 때 쓰는 말이지."

"방울이가 직접 신발을 신는 게 아니라 내가 신겨 주는 거지."

"맞아. 자기가 직접 하는 것이 아니라 남이 하게 시키는 말이지. 이럴 때는 된소리되기가 일어나지 않아. 비슷한 경우로 안기다라는 말도 있어. 방울이 입장에서는 안는 것이 아니라 안기는 거지. 이럴 때는 발음을 어떻게 하니?"

"방울이가 내게 [안기다]."

음소가 대답했어요.

"그렇지? [안끼다]라고 안 하고 [안기다]라고 하잖아. 이와 마찬가지로 신기다도 [신끼다]가 아니라 [신기다]라고 발음하는 거야."

"봐, [신기다]가 맞잖아."

"치, 자기도 잘 몰랐으면서……."

음소가 입을 삐죽거렸어요. 그때 방울이가 낑낑거렸어요.

"방울이가 밖에 나가고 싶은가 봐."

"쉬가 마려운가?"

"그래? 얼른 데리고 나가자."

아이들은 빙울이에게 신발을 다시 잘 [신긴] 다음, 오줌을 쌀까 봐 가슴에 [안:꼬] 연구소 밖으로 나갔어요.

예사소리 ㄱ, ㄷ, ㅂ, ㅅ, ㅈ이
된소리인 ㄲ, ㄸ, ㅃ, ㅆ, ㅉ으로 바뀌는 현상을
된소리되기라고 한다.

자음 탈락과 모음 탈락

하늘을 날으는 피터 팬?

"안녕, 삼촌?"

연구소 문이 벌컥 열리더니 쌍둥이가 들어왔어요.

"어서들 와라. 엄청 덥지?"

삼촌이 아이들에게 빨간빛이 도는 음료수를 한 잔씩 주었어요.

"응? 빨간색 음료수네."

"눈에 좋다는 결명자차란다. 한번 맛보렴."

아이들은 목이 말랐던지 결명자차를 벌컥벌컥 마셨어요.

"맛있다. 근데 삼촌은 어제 뭐 했어?"

"우리는 〈하늘을 날으는 피터 팬〉 보고 왔는데."

엄마랑 어린이 뮤지컬 본다고 하더니 어제가 그날이었나 봐요.

"그랬구나. 나는 뭐 집에서 영화 봤지. 재미있었니?"

"응, 동화로 읽은 것을 노래와 춤으로 보니 더 신이 났어."

자음 하나가 없어지는 자음 탈락

"오, 재미있었겠다. 그런데 제목이 조금 이상하다?"

"응, 뭐가?"

"하늘을 날으는이 아니고 하늘을 나는이 맞을 거 같은데……."

운소도 삼촌 말에 맞장구를 쳤어요.

"맞아, 나도 이상하다고 생각했어. 내가 좋아하는 동화책 가운데 《하늘을 나는 교실》이라는 책이 있거든. 하늘을 나는이 맞는 거 아니야?"

"아이참, 날으는이나 나는이나. 뜻만 통하면 되는 거 아니야?"

음소가 별거 아닌 것 가지고 호들갑이라는 듯 운소에게 핀잔을 주었어요. 삼촌이 집게손가락을 들어 좌우로 흔들었어요.

"뜻이 통하는 것도 중요하지만 이왕이면 올바르게 써야지. 안 그래? 그런 의미에서 오늘은 탈락에 대해서 공부해 보지."

"탈락이라면 떨어지는 건가?"

"그렇지. 말에서는 어떤 글자가 없어지는 현상을 말해. 먼저 너희들 겹받침이 뭔지 알지?"

"흙에서 ㄺ 받침 같은 거 말하는 거 아니야?"

"값에서 ㅄ 받침도 겹받침이지."

"응, 잘 알고 있구나. 우리말에는 흙이나 값에서처럼 받침으로 쓰이는 겹받침이 있는데 ㄳ, ㄵ, ㄶ, ㄺ, ㄻ, ㄼ, ㄽ, ㄾ, ㅍ, ㅀ, ㅄ, 이렇게 열한 개가 있어. 이 겹받침 뒤에 모음이 오면 흙을[흘글], 값이[갑시]처럼 두 가지 자음이 모두 발음되지. 하지만 홀로 쓰이거나 뒤에 자음이 오면 두 개의 자음 가운데 하나가 떨어져 나가 한 자음만 발음되지. 값[갑]에서는 ㅅ이 탈락하고, 흙집[흑찝]에서는 ㄹ이 탈락하지. 이것을 자음 탈락이라고 해."

"자음 탈락, 자음 하나가 없어진다는 뜻이구나."

"그런데 왜 자음 하나가 탈락하는 거야?"

"그거야, 두 자음을 동시에 발음하기가 어렵기 때문이지."

"둘 중에 어느 것이 탈락하는 거야?"

"규칙을 따지자면 복잡하니까, 그냥 소리 내어 읽어 보자. 넋[넉], 흙[흑], 삶[삼:], 밟다[밥:따], 읊다[읍따], 값[갑], 앉다[안따], 많아[마:나], 외곬[외골], 싫소[실쏘], 이렇게 자음 하나씩 탈락되어 소리가 나지? 무엇이 탈락하는지 읽어 보면 알 수 있을 거야."

"그럼 여덟은 [여덥]이라고 읽어야 해? 이상한데?"

"내 친구 중에는 [여덥]이라고 하는 애도 있기는 해. 하지만 [여덜]이라고 읽는 것이 맞지?"

"응, 예외가 몇 가지 있어. ㄼ은 밟다[밥:따], 넓적하다[넙쩌카다]처럼 ㅂ으로 소리가 나는 것이 원칙이지만, 여덟[여덜], 넓다[널따], 얇다[얄따], 짧다[짤따]에서는 ㄹ로 소리가 나지. 또, ㄺ도 맑다[막따]처럼 ㄱ으로 소리 나는 것이 원칙이지만 맑게[말께], 맑고[말꼬]처럼 뒤에 ㄱ이 오면 ㄹ로 소리가 난단다."

아이들이 거의 울상을 지었어요.

"와, 헷갈리는데? 이것을 어떻게 다 외워?"

음소가 투덜거리자, 운소가 또 핀잔을 주었어요.

"이것을 뭐 하러 외워? 그냥 발음해 보면 알지."

"치, 또 잘난 체하기는. 아, 틀리게 발음하는 사람도 많잖아."

"하하, 맞아. 아는 사람도 틀리게 발음할 때가 있지. 그러니까 잘 모르겠다 싶으면 늘 사전을 찾아보는 것이 좋아. 사전에 발음하는 방법도 나와 있으니까. 겹받침에 대해서 알아보았으니까 또 하나 신기한 받침 ㅎ에 대해서 알아보자."

신기한 받침 ㅎ

"ㅎ 받침이 왜 신기해?"

"ㅎ 받침 다음에 모음이 오면 ㅎ이 탈락해 버리는 경우가 많거든. 좋다[조타]를 한번 변화시켜 볼래? 모음인 것으로."

"좋다? 좋아[조아], 좋은[조은], 좋아서[조아서]."

"정말 ㅎ 소리가 안 나네! 그럼 쌓다는 어떤가? 쌓아[싸아], 쌓은[싸은], 쌓아서[싸아서]."

"ㅎ 받침뿐만 아니라 ㅎ이 들어간 겹받침에서도 ㅎ은 탈락하지."

"그런 게 뭐가 있지? 많다? 뚫다?"

"많아[마:나], 많은[마:는], 뚫어[뚜러], 뚫으니[뚜르니]. 정말 ㅎ이 탈락하네."

"ㅎ 탈락도 자음 탈락 가운데 하나라고 할 수 있겠지? ㅎ 받침뿐만 아니라 ㄹ 받침도 탈락할 때가 많아."

"ㄹ 받침이 있는 말이 뭐가 있지?"

아이들이 ㄹ 받침이 들어간 낱말을 찾느라 눈동자를 이리저리 굴렸어요.

"놀다? 살다?"

"이것도 변화시켜 보면 되겠지? 놀다[놀:다], 놀아[노라], 놀게[놀:게], 놀지[놀:지], 놀고[놀:고]. 탈락 안 하는데?"

"살다[살:다], 살아[사라], 살게[살:게], 살지[살:지], 살고[살:고]. 이것도 그대론데?"

"탈락하지 않을 때도 있어. 하지만 -(으)니, -ㅂ니다, -오를 붙여 볼래?"

"노니, 놉니다, 노오."

"사니, 삽니다, 사오. 앗, 이럴 때는 ㄹ이 탈락한다!"

"그렇지? 이 경우에는 ㄹ 탈락 현상이 일어나. ㄹ을 탈락시키지 않고 쓰면 틀리는 거야."

"그럼, 뭐야?"

"뭐긴 뭐야? 날으는이 아니라 나는이 맞는다는 것이지!"

"후후, 운소 말이 맞아. 흔히들 하늘을 날으는이라고 쓰는데, 하늘을 나는이라고 쓰는 게 문법에 맞는 말이야. ㄹ을 탈락시켜서 써야 하는 거지. 비슷한 경우로 녹슬다, 거칠다 같은 단어도 반드시 ㄹ을 탈락시켜서 사용해야 해."

"녹슬은 못이 아니라 녹슨 못이라고 써야 한다는 거지? 이건 나도 알겠어."

"거칠은 손이 아니라 거친 손이라고 해야지."

"너희 아버지도 걸핏하면 '거칠은 들판에 솔잎 되리라' 하고 노래하지? 그것도 틀린 말이라고 알려 드릴래?"

"알겠어. 아빠한테 거친 들판이 맞는다고 말해 줘야지."

"아빠가 그럼 노래 부르다 말고, 엉? 하시겠네!"

"히히, 그건 그렇고, ㄹ이 탈락하는 경우가 또 있어. 너희들 따님이라는 말 들어 봤지?"

"다른 사람의 딸을 높여 부르는 말? 나도 알아."

ㄹ 탈락

딸+님 → 따님 솔+나무 → 소나무
활+살 → 화살 달+달+이 → 다달이

"아하, 그때도 ㄹ이 탈락해서 그렇게 된 거구나."

"그렇지. 딸+님인데 따님이 된 거지. 솔+나무=소나무, 활+살=화살, 달+달+이=다달이, 이런 식으로 ㄹ이 탈락하는 경우가 종종 있어."

"그것도 모두 발음하기 편해서겠지?"

"응, 자음 탈락이 일어나는 이유는 그렇다고 봐야지."

아이들이 고개를 끄덕끄덕했어요.

발음이 편해지는 모음 탈락

그러다 음소가 문득 생각난 듯이 말했어요.

"자음 탈락이 있으면 모음 탈락도 있어?"

"응, 모음 탈락도 있지. 모음 탈락도 결국에는 발음을 편하게 하려다 보니 생긴 현상이야. 예를 들어 단모음끼리 부딪힐 때는 발음하기가 힘들어. ㅏ, ㅓ로 끝나는 말 뒤에 ㅏ, ㅓ, -아서, -어서, -았, -었 등이 오면 발음하기가 힘이 드니까 같은 소리가 하나 탈락하는 거야. 차를 타다에서 타-+-아서=타서 이렇게 ㅏ를 하나 탈락시켜서 발음하잖아. 타아서라고 발음하지 않고."

"그러네. 가+았다=갔다. 이것도 모음 탈락이겠구나."

"그렇지. 바라다의 경우도 바라+아니까 바라가 되는 거야. 그러니까 바래라고 쓰면 틀려."

"아, 네 병이 얼른 낫기를 바래.라고 하면 안 되는구나."

"그걸 이제야 알았니? 너도 얼른 우리말을 잘하길 바라."

운소가 또 핀잔을 주었어요. 음소가 뭐라고 말대꾸를 하려는데, 삼촌이 음소를 가로막고 말했어요.

"자, 그만 싸우고. 얼른 진도 나가자. 그렇다고 모음을 탈락시키면 무슨 뜻인지 알기 어려울 때는 탈락시키면 안 돼."

아이들이 '그런 게 뭐가 있어?' 하는 눈빛으로 삼촌을 바라보았어요.

"예를 들어 병이 금세 나았다고 할 것을 병이 금세 났다 그러면……."

"하하, 뜻이 완전히 달라지는데?"

"그래, 함부로 모음을 탈락시키면 안 되겠어."

음소의 말에 운소도 고개를 까닥였어요.

"그래, 말이란 늘 주의해서 써야지. 어쨌든 길핏하면 빌럭하는 모음에는 ㅡ도 있어. 그래서 ㅡ를 약한 모음이라고들 하지. 예를 들어 크+어서=커서, 쓰+어라=써라에서처럼 -어/-아 앞에서는 ㅡ가 탈락해. 담

모음 탈락

문을 잘 **잠가야** 해. (**잠궈야** ×)
 　　잠그+아
김치를 잘 **담가야** 해. (**담궈야** ×)
 　　담그+아

그다, 잠그다도 마찬가지야. 담그+아=담가, 잠그+아=잠가처럼 ㅡ가 탈락해. 그러니까 이것을 잠궈, 담궈라고 쓰면 안 돼."

"그렇구나. 그럼 김치는 잘 담궈야 하는 게 아니라 잘 담가야 하는 거네?"

"우리 선생님은 '교실 문 잘 잠궈.'라고 말씀하시는데."

"그래, 이제 알았으니까 너희는 올바른 우리말을 쓰도록 해라. 알겠지?"

"응, 알았어."

아이들이 큰 소리로 대답하고는 힘껏 기지개를 켰어요.

자음 탈락, 모음 탈락은 모두
발음을 편하게 하기 위한 현상이다.

축약

누가 방귀 꼈어?

"아, 정말 창피해 죽겠어!"

"나는 안 [꼈다니까] 그러네!"

쌍둥이가 연구소 문을 들어서면서 아옹다옹하고 있어요.

"왜 또 그래?"

삼촌이 쌍둥이에게 배즙을 한 잔씩 주며 물었어요.

"삼촌, 음소 때문에 창피해 죽겠다니까. 사람들이 많이 지나가는데, 글쎄 방귀를 뿡 뀌지 뭐야."

"나, 방귀 안 [꼈어]. 다른 데서 난 소리를 듣고 저러는 거야."

"난 또 뭐라고. 방귀를 뀔 수도 있지, 뭘 그래?"

"창피하잖아."

"너는 방귀 안 뀌고 사니?"

음소가 이렇게 대꾸하는 걸 보니 방귀를 뀌긴 뀌었나 봐요.

줄여서 간단하게, 축약

"그런데 음소는 방귀를 안 꼈다고? 방귀를 뀌다가 맞는 거지?"

"당연히 방귀를 뀌다가 맞지. 안 그래, 삼촌?"

"맞아, 방귀는 뀌는 거지."

음소도 당연하다는 듯 말했어요. 삼촌이 고개를 갸우뚱했지요.

"그럼 안 뀌었다 아니야? 그런데 음소는 왜 방귀를 안 꼈다고 말하는 거니?"

"안 뀌었다 를 줄여서 말하면 안 꼈다 아니야? 다들 그렇게 말하는 거 같던데."

"맞아. 사귀었다도 사겼다 라고 하고. 창욱이랑 민아도 전에 사겼다고 하던데."

"창욱이와 민아가 누군데?"

"아이돌 그룹 멤버들인데, 삼촌은 모를 거야."

"삼촌 무시하는 거니? 어쨌든 오늘은 축약에 대해 공부하자. 꼈다, 사겼다 라고 써도 되는지……."

"축약? 줄어든다 는 뜻인가?"

"맞아. 문법에서는 두 음운이 합쳐져서 한 음운으로 줄어드는 현상을 축약이라고 해. 앞에서 독특한 받침 ㅎ에 대해 이야기한 적 있지? ㅎ은 받침으로 올 때뿐만 아니라 어디에 있더라도 독특한 역할을 해. 예사소

자음 축약

'ㄱ, ㄷ, ㅂ, ㅈ' + ㅎ → ㅋ, ㅌ, ㅍ, ㅊ
　　예사소리　　　　　　　거센소리

리인 ㄱ, ㄷ, ㅂ, ㅈ이 ㅎ을 만나면 ㅎ이 앞에 있건 뒤에 오건 거센소리로 변하지. ㅋ, ㅌ, ㅍ, ㅊ으로 변한다는 거야. **좋다**와 **잡히다**를 예로 들어 보자. 좋다[조ː타](ㅎ+ㄷ=ㅌ), 좋고[조ː코](ㅎ+ㄱ=ㅋ), 좋지[조ː치](ㅎ+ㅈ=ㅊ), 잡히다[자피다](ㅂ+ㅎ=ㅍ). 어때? ㄷ, ㄱ, ㅈ, ㅂ이 모두 거센소리인 ㅌ, ㅋ, ㅊ, ㅍ으로 바뀌지?"

"그럼, 낳다[나ː타]나 먹히다[머키다]도 마찬가지겠네."

"그러네. 겹받침도 그런가? 많고[만코], 앉고[안코]. 겹받침에 ㅎ이 있어도 거센소리가 되는구나. 그런데 왜 이것을 축약이라고 해? 뭐가 줄어들었지?"

"잘 봐. 뭐가 줄어들었는지. 예를 들어 ㅎ과 ㄷ, 두 음운이 ㅌ 한 음운으로 줄어들었잖아."

"아, 그렇구나."

"이것은 **자음의 개수가 줄어들었으니까 자음 축약**이라고 할 수 있겠지. 자음 축약은 띄어쓰기를 사이에 두고도 일어나. 이것을 한번 읽어 볼래?"

삼촌이 화이트보드에 옷 한 벌이라고 썼어요.

"[오탄벌]."

음소가 자신 있게 소리 내어 읽었어요. 삼촌이 맞는다면서 고개를 끄덕였어요.

"맞았어. 중간에 띄어쓰기가 되어 있더라도 ㅅ(ㄷ)+ㅎ=ㅌ이 되지? 낮 한때[나탄때], 꽃 한 송이[꼬탄송이]도 마찬가지야."

삼촌의 말을 듣고, 운소가 고개를 갸우뚱했어요.

"[온 한벌]이라고 읽으면 안 되는 거야? [낟 한때], [꼳 한송이], 나는 이렇게 읽고 싶은데."

"응, 음소처럼 [오탄벌] 이렇게 읽어도 되고, 운소처럼 [온 한벌] 이렇게 중간에 끊어서 읽어도 돼. 둘 다 표준 발음이야. 어쨌든 예사소리(ㄱ, ㄷ, ㅂ, ㅈ)가 ㅎ을 만나 거센소리가 되는 것을 거센소리되기라고 하는데, 자음 축약이지."

모음 두 개가 한 개로, 모음 축약

"삼촌, 그럼 모음 축약도 있어?"

"그럼, 모음 사이에서도 축약이 일어나지. 모음 축약이 뭘까?"

"자음 축약은 자음 두 개가 한 개로 줄어드는 거니까 모음 축약은 모음 두 개가 한 개로 줄어드는 것 아닐까?"

"맞았어. 아주 똑똑해요. 예를 들어 보자. 보(다)가 -아서를 만나면 원래는 보아서가 되잖아."

"아, 줄여서 봐서라고 하지. 세 글자가 두 글자로 줄었으니까 축약이네."

"맞아. 정확히는 단모음 ㅗ가 단모음 ㅏ를 만나서 이중 모음 ㅘ가 된 것이라고 해야겠지. 모음 두 개가 한 개로 줄어들었지?"

"그럼, 주(다)+-어서=주어서→줘서로 줄어드는 것도 모음 축약이겠네."

"맞아. ㅣ+ㅓ=ㅕ로 줄어드는 것도 모음 축약이지. 예를 들어 볼까?"

"가지(다)+-어=가지어→가져."

"응, 좋은 예를 들었구나. 그럼 ㅡ+ㅣ는 어떻게 될까?"

"당연히 ㅢ가 되겠지."

"그런 예로는 뭐가 있지?"

"쓰(다)+이어=씌어."

"응? 씌어? 쓰여 아니야?"

운소가 다시 고개를 갸우뚱했어요.

"쓰이어의 준말로는 씌어와 쓰여 둘 다 맞아. (쓰+이)+어=씌+어라고 봐도 되고, 쓰+(이+어)=쓰+여로 봐도 된다, 이 말이야."

"응, 그렇구나. 또 뭐가 있어, 삼촌?"

자음 축약

'ㄱ, ㄷ, ㅂ, ㅈ' + ㅎ → ㅋ, ㅌ, ㅍ, ㅊ
예사소리　　　　　　　　　거센소리

"ㅗ나 ㅜ가 ㅣ를 만날 때도 축약이 일어나지."

"ㅗ+ㅣ? 보이다→뵈다?"

"ㅜ+ㅣ? 누이다→뉘다?"

"좋아, 잘들 아는구나. 이렇게 **모음 축약**은 **단모음끼리 만났을 때 일어나는 현상**이지. 하지만 ㅟ+ㅓ는 모음 축약이 일어나지 않아."

음소가 고개를 갸우뚱했어요.

"그런데? 그게 어쨌다는 거야?"

"어쨌기는 뭐가 어째? **뀌었다**가 **꼈다**, **사귀었다**가 **사겼다**로 축약되는 일은 없다, 이거지."

"하하, 운소 말이 맞아. 조금 귀찮게 느껴지더라도 반드시 **뀌었다, 사귀었다**로 쓰도록 하자. 그리고 **자음 축약**은 **표기할 때는 반영하지 않아.** 좋고를 조코라고 쓰지 않는다는 말이지. 하지만 **모음 축약**은 **표기할 때 반드시 반영해야 해.** **주어서**를 축약했으면 반드시 **줘서**라고 써야 한단 말이야. 그럴 때 어떻게 표기해야 할지, 또는 축약이 일어났는지 안 일어났는지 헷갈리는 단어들이 몇 가지 있어."

"그런 게 뭐가 있지? 별로 어렵지 않은 거 같은데……."

"먼저, 뭔가를 가리키는 말 다음에 오는 -이어요/-이에요는 축약이 되면 -여요/-예요라고 줄어들지. 그런데 -이에요를 -이예요라고 잘못 쓰는 사람들이 많아."

"그래, 맞아. 헷갈려. -이예요라고 쓰면 틀리겠네."

"헤헤, 나도 자주 틀리는데. 이제 안 틀릴 거 같아. 그럼 책상이에요를 책상예요라고 써도 되는 거야?"

"하하, -이에요의 준말이 -예요라고 해도 받침이 있는 단어 뒤에서는 줄여서 쓰면 안 돼. 책상이에요, 연필이에요 이렇게 반드시 -이에요라고 써야 해. 받침이 없을 때는 -이에요, -예요 둘 다 써도 돼. 하지만 지우개이에요 이렇게 읽으면 어색하잖아. 그러니까 받침이 없을 때는 지우개예요 이렇게 준말을 써야 더 세련되게 들리지. 모음 축약 또한 발음하기 편하도록 생기는 현상이니까."

운소가 고개를 끄덕이며 뭔가를 공책에 적다 말고 삼촌에게 확인해 보았어요.

"삼촌, 그럼 아니에요도 아니예요라고 써야 맞는 거지?"

음소가 먼저 대답했어요.

"그렇겠지. 아니에 받침이 없으니까."

"아니야. 정말 아니야. 아니는 뭔가를 가리키는 이름이 아니잖아. 아니에요의 기본형은 아니다인데, 많다, 적다처럼 어떤 상태를 가리키는 말이야. 적다가 적어요 이렇게 –어요가 붙은 모양으로 변하는 것처럼 아니다는 아니어요 이렇게 변하지. 그러니까 아니어요라고 써야 맞아. 그런데 요즘에는 –이어요를 –이에요라고 많이들 쓰잖아. 이와 비슷하게 아니어요도 아니에요라고 쓰는 거야. 아니어요/아니에요 이 두 말을 줄이면 아녀요/아녜요가 되지."

"와, 지금까지 잘못 알고 있었네."

"그러게 말이야. 아니예요라는 말은 없는 말이네."

"또 많이들 틀리는 말로 되와 돼가 있어. 돼는 되(다)+어가 축약이 된 글자니까 구별해서 써야겠지?"

"맞아. 발음이 비슷해서 되라고 써야 할지 돼라고 써야 할지 헷갈려."

"되어를 넣어 봐서 말이 되면 돼라고 쓰면 되지."

"그렇게 간단하면 문제가 없게? 그래도 헷갈리니까 그렇지."

"그래? 한번 해 볼까? 되어게, 되어지, 되어고, 되언다는 말이 안 되니까 되게, 되지, 되고, 된다라고 쓰면 되고, 되어, 되어서, 되어라, 되었다는 말이 되니까 돼, 돼서, 돼라, 됐다라고 쓰면 된다, 이 말이야."

운소는 아하, 하는 표정을 지었지만, 음소는 여전히 고개를 갸우뚱거리고 있었어요.

"그래도 헷갈리니? 그럼 또 한 가지 요령이 있지. 되/돼 대신 하/해를 넣어 보는 거야. 하가 되면 되를 쓰고, 해가 되면 돼를 쓰면 돼."

"그래? 하다니까 되다, 하고니까 되고, 안 한다니까 안 된다!"

"안 해니까 안 돼, 했어요니까 됐어요. 야, 이렇게 하니까 되네."
"삼촌, 고마워! 이제 안 헷갈리겠어."
삼촌이 쌍둥이를 보고 씩 웃으며 손가락으로는 브이 자를 그렸어요.

두 음운이 합쳐져서 한 음운으로 줄어드는 현상을
축약이라고 한다. 자음 축약과 모음 축약,
둘 다 발음을 편하게 하기 위한 현상이다.

첨가

[김:밥] 먹을래, [김:빱] 먹을래?

"어서들 와라."

쌍둥이가 연구소 문을 열고 들어왔어요. 그런데 두 손에 뭔가 들려 있네요.

"오늘은 점심시간에 웬일이냐? 사람 밥도 못 먹게 기다리라 그러고……."

"응, 엄마가 삼촌 주라고 [김:빱]을 싸 주셨어."

"우리도 삼촌이랑 같이 [김:밥]으로 점심 먹으래."

아이들이 탁자 위에 김밥을 펼쳐 놓았어요. 삼촌이 보리차를 가져오면서 환호성을 질렀어요.

"야! 맛있겠다. 어디, 형수님 음식 솜씨 좀 볼까?"

다들 김밥을 한 덩어리씩 입에 물고 우걱우걱 맛있게 먹었어요. 보리차를 한 모금 마시고 나서 운소가 물었어요.

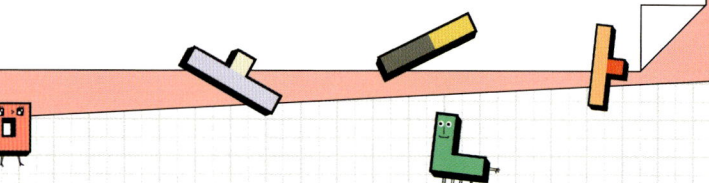

없던 음운이 생기는 첨가

"삼촌, [김:밥]이 맞아, [김:빱]이 맞아? 음소는 자꾸 [김:빱]이래."

"다들 [김:빱]이라고 발음하지 않나?"

삼촌은 잠깐 아무 말도 하지 못했어요. 입안에 김밥이 잔뜩 들어 있었거든요. 겨우 김밥을 삼킨 삼촌이 말했어요.

"[김:밥], [김:빱], 둘 다 맞아."

"에계, 둘 다 맞는 게 어디 있어?"

"사람들이 절반은 [김:밥]이라고 발음하고 절반은 [김:빱]이라고 발음하나 보지."

"응, 운소 말이 맞아. 두 가지 발음이 둘 다 널리 쓰이고 있으면 두 가지 발음 모두 표준 발음으로 인정하고 있지. 사전에도 그렇게 나와 있어."

"그런데 김밥을 왜 [김:빱]이라고 발음해? 그냥 김+밥인데."

운소가 궁금해했어요.

"우리말에서는 두 단어가 합쳐져서 한 단어가 될 때, 두 단어 사이에 없던 음운이 새로 생겨서 발음되는 현상이 있어. 이것을 첨가라고 하지."

"그럼 김밥에서는 뭐가 첨가된 거지?"

"김+ㅂ+밥. 아, ㅂ이 첨가된 거네."

"맞았어. ㅂ이 첨가되어서 밥의 첫소리가 된소리로 변했지? 김밥처럼 앞말이 모음이나 ㄴ, ㅁ, ㅇ, ㄹ 같은 울림소리로 끝나고 뒷말 첫소리가

ㄱ, ㄷ, ㅂ, ㅅ, ㅈ 같은 안울림소리일 때는 뒷말 첫소리가 된소리가 되는 경우가 있어. 예를 들어 볼까?"

"초+불→촛불[초뿔/촏뿔], 산+길→산길[산낄], 봄+비→봄비[봄삐]."

"등+불→등불[등뿔], 길+가→길가[길까]. 다 된소리가 되는 경우구나. 그런데 왜 초불이 아니라 촛불이라고 써?"

"초불이라고 쓰면 [초불]로 읽을 수도 있잖아. 그래서 앞말에 받침이 있을 때는 사이시옷을 표기하지 않지만, 앞말에 받침이 없을 때는 사이시옷을 표기해 주는 거지. 이 자리에 음운이 첨가된다는 것, 다시 말해 뒷말이 된소리가 된다는 것을 확실하게 알려 주기 위해서지. 이 사이시옷 소리는 받침 ㄷ 발음인데, 옛날부터 ㅅ으로 써 왔기 때문에 ㅅ으로 표기해. 발음에도 반영되기 때문에 [초뿔]이라고 발음해도 되고 [촏뿔]이라고 발음해도 돼."

"그럼 뒷말이 된소리가 되지 않을 때는 사이시옷을 쓰지 않는 거야?"

"맞아. 두 단어가 합쳐지더라도 뒷말이 된소리가 되지 않을 때가 있으니까 주의해야 해. 예를 들어 부자+집→부잣집[부:자찝/부:잗찝], 머리+기름→머릿기름[머리끼름/머릳끼름]에서는 뒷말이 된소리로 발음되기 때문에 사이시옷을 적지만, 고래+기름→고래기름[고래기름], 기와+집→기와집[기와집]에서는 뒷말이 된소리가 아니라 예사소리로 발음되기 때문에 사이시옷을 적지 않아."

"아, 그렇구나. 같은 단어가 만나는데도 발음이 다르네."

"앞말에 받침이 있을 때는 뒷말이 늘 된소리가 되는 건가?"

운소가 궁금해했어요. 이번에는 음소가 운소에게 핀잔을 주었어요.

"그렇지 않을 때도 있지. **비빔밥**[비빔빱]이라고 발음하지만, **콩밥**[콩밥]이라고 발음하잖아. 그리고 [김:밥, 김:빱]은 둘 다 표준 발음이라며?"

음소가 의기양양하게 말하자, 운소가 쩝, 입맛을 다셨어요.

"하긴 **금돈**[금돈]이라고 발음하지만 **용돈**[용:똔]이라고 발음하니까."

삼촌이 조카들을 기특하다는 듯이 바라보다가 말을 이었어요.

말썽꾸러기 사이시옷

"그런데 있잖아, 한자어에서는 뒷말이 된소리로 발음되더라도 사이시옷을 적지 않아. [초쩜, 내:꽈, 개:쑤]라고 뒷말이 된소리로 발음이 되지만 사이시옷을 적지 않고 그냥 **초점, 내과, 개수**라고 적지."

"한자어에는 사이시옷을 안 적는다, 이거지? 그나마 간단해졌군."

음소가 "휴." 하고 안도의 한숨을 쉬었어요. 그런데 삼촌이 뒷말을 덧붙였어요.

"단, 예외가 여섯 개 있지."

"엥? 그게 뭔데?"

사이시옷이 들어가는 한자어

곳간, 셋방, 숫자, 찻간, 툇간, 횟수

음소가 이번에는 눈을 크게 떴어요.

"곳간, 셋방, 숫자, 찻간, 툇간, 횟수. 이렇게 여섯 개의 단어만은 사이시옷을 써야 한단다."

"뭐가 그래? 복잡하게 이랬다저랬다."

"왜 그런지 나는 알아. 사이시옷을 안 쓰면 못 알아먹을까 봐 그런 것 같아. 수자 이렇게 쓰면 누가 숫자라고 알아먹겠니?"

음소는 입을 삐죽거렸지만, 이내 고개를 끄덕끄덕했어요. 삼촌이 씩 웃으면서 말했어요.

"뒷말이 된소리가 되는 경우 말고도 사이시옷을 쓸 때가 있어. 앞말이 모음으로 끝나고 뒷말이 ㄴ, ㅁ으로 시작할 때도 ㄴ이 첨가되는 경우가 있어. 이럴 때도 사이시옷을 표기해 주지. 예를 들어 코+날→콧날[콘날], 이렇게 말이야. 이런 경우가 또 뭐가 있을까?"

"이+몸→잇몸[인몸], 비+물→빗물[빈물]."

"아, 사이시옷이 있는 곳에 ㄴ 소리가 첨가된다는 표시로구나."

"윗니[윈니], 냇물[낸물], 이것도 마찬가지 경우고."

"맞았어. 그런데 앞말에 받침이 있든 없든, ㅣ 모음이나 ㅣ 모음이 들어 있는 ㅑ(ㅣ+ㅏ), ㅕ(ㅣ+ㅓ), ㅛ(ㅣ+ㅗ), ㅠ(ㅣ+ㅜ)로 시작하는 뒷말이 오면 ㄴ 첨가 현상이 일어나. ㄴ이나 ㄴㄴ이 첨가되는 거지. 예를 들어 볼까? 집+일→집일[짐닐], 솜+이불→솜이불[솜니불], 맨+입→맨입[맨닙], 물+약→물약[물냑→물략]. 어때? ㄴ이 첨가되지? 뒤+일→뒷일[뒨닐]이나 깨+잎→깻잎[깬닙], 이럴 때는 ㄴ이 두 개나 첨가되고."

"앞말에 받침이 없으면 이럴 때도 사이시옷을 적어 주어야 하겠네?"

삼촌이 운소를 바라보며 아무 말 없이 고개를 끄덕였어요.

"정확한 발음을 알아야 사이시옷을 언제 쓰는지 알 수 있겠네?"

음소가 입을 삐죽거리면서 말했어요.

"그래, 맞아. 그러니까 어떻게 읽는 것이 올바로 발음하는 것인지 잘 모를 때에는 늘 사전을 찾아봐야 해."

"그래야겠네. 조금 귀찮더라도."

"발음을 제대로 알고 있는데도 사이시옷을 잘못 사용하는 경우도 많지. 사이시옷은 두 단어가 합쳐졌을 때, 뒷말의 첫소리가 된소리가 된다는 뜻으로 표기하는 거잖아. 그러니까 뒷말의 첫소리가 거센소리이거나 된소리일 때는 앞말에 받침이 없더라도 사이시옷을 표기할 필요가 없어. 예를 들어 위층이라고 써야지 윗층이라고 쓰면 안 된다는 뜻이야."

"그럼 뒷쪽이 아니라 뒤쪽이라고 써야겠구나."

"콧털이 아니라 코털이라는 뜻!"

사이시옷이 들어가지 않는 단어

위층   뒤쪽   코털 (○)
윗층   뒷쪽   콧털 (×)

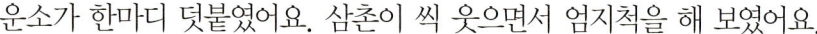

운소가 한마디 덧붙였어요. 삼촌이 씩 웃으면서 엄지척을 해 보였어요.

"한자어를 둘러싸고도 사이시옷은 늘 말썽이지."

"한자어일 경우에는 사이시옷을 안 쓴다고 했잖아."

"여섯 개 단어 빼고."

"그런데 무엇이 한자어이고 무엇이 순우리말인지, 때로는 알기 어려우니까 문제가 생기는 거지. 전세방이라고 쓰지만 전셋집이라고 써야 해. 방은 한자어이지만 집은 순우리말이기 때문이야. 마찬가지로 진도견이라고 쓰지만 진돗개라고 써야 하지. 회를 파는 곳을 회집이라고 쓰는 경우가 많은데, 횟집이라고 써야 맞겠지? 회는 한자어이지만, 집은 순우리말이니까."

"그렇군. 한자를 알아야 사이시옷 하나도 제대로 쓰겠네, 치!"

음소가 입을 뾰족하게 내밀었어요. 운소도 한숨을 쉬었어요.

"외래어가 들어가도 사이시옷을 쓰지 않아. 장밋빛이라고 써야 하지만, 핑크빛, 에메랄드빛이라고 써야 한다는 뜻이야."

"그럼 국숫집이라고 쓰고 피자집이라고 써야겠네."

> **(한자어+순우리말) 사이에 들어가는 사이시옷**
>
> 전셋집(전세+집), 진돗개(진도+개), 횟집(회+집),
> 북엇국(북어+국), 만둣국(만두+국), 장밋빛(장미+빛)

"맞았어. 식당 차림표에도 잘못 표기해 놓은 것이 많지."

"어떻게?"

"만두국, 순대국, 북어국이라고 표기해 놓은 곳이 많지만, 만둣국, 순댓국, 북엇국이라고 표기해야 맞는 거겠지."

"와, 정말! 틀리게 써 놓은 데가 아주 많네."

"이런 걸 어떻게 다 외워? 나는 그냥 그때그때 사전 찾아볼래."

음소가 고개를 설레설레 저었어요.

> 두 단어가 합쳐져서 한 단어가 될 때,
> 두 단어 사이에 없던 음운이
> 새로 생겨서 발음되는 현상을
> '첨가'라고 한다.

맛있는 우리말 문법 공부

▶▶ **단어**

단어

문장 속에서
혼자서 쓰일 수 있는 말

삼촌이 외출하고 돌아오자, 연구소에 미리 와 있던 쌍둥이는 연습장에 뭔가를 열심히 쓰고 있었어요.

"너희들 웬일이냐, 공부를 다 하고?"

"삼촌, 말 시키지 마. 바쁘단 말이야."

"뭔데 그래?"

"내일 영어 단어 시험 때문에 스펠링 외우는 중이야."

잠시 후, 공부를 웬만큼 했는지 운소와 음소가 고개를 들었어요. 삼촌이 어느새 차를 가져와 아이들 앞에 한 잔씩 놓으며 말했어요.

"너희들은 영어 단어 공부만 열심히 하네, 우리말 단어에 관해서는 얼마나 알고 있니?"

아이들이 차를 입에 댄 채 삼촌을 올려다보았어요.

단어, 자립할 수 있는 말

"지난번까지는 음운에 대해 공부했지? 오늘부터는 단어에 대해 알아보자."

삼촌은 화이트보드에 문장 하나를 썼어요.

하늘이 매우 푸르다.

"이 문장은 무엇으로 이루어져 있지?"
"단어들로 이루어져 있지."
"맞아. 단어가 모여서 문장이 되지. 그럼 이 문장은 몇 개의 단어로 되어 있을까?"
"세 개 아닌가?"

음소가 얼른 대답했어요.

"세 개라고? 띄어쓰기를 기준으로 보면 이 문장은 세 개의 덩어리로

되어 있긴 하지. 그러나 이 덩어리 하나하나는 단어가 아니라 어절이라고 해. 말의 마디라는 뜻이지. 이 문장은 어절 세 개로 이루어진 문장이야."

"말의 마디가 어절이라면, 단어는 뭐야?"

"단어를 낱말이라고도 하지. 문법에서는 단어라고 부르는데, 문장 속에서 혼자서 쓰일 수 있는 말, 즉 자립할 수 있는 말을 단어라고 해."

"그럼 하늘은 혼자서도 쓰일 수 있으니까 단어네."

"자립할 수 있는 말이면 매우, 푸르다도 단어겠네?"

"그렇지. 하늘, 매우, 푸르다는 단어지. 이뿐만 아니라 하늘에 붙어 있는 이도 단어야."

이 말에 음소와 운소 둘 다 눈을 크게 떴어요.

"이는 혼자서 쓰일 수가 없잖아."

"그런데 어떻게 단어라고 할 수 있어?"

"이는 자립할 수 없는 말이긴 하지만 이가 있기 때문에 푸른 것이 하늘이라는 것을 알 수 있어. 이가 하늘과 푸르다의 관계를 보여 주는 거지. 이처럼 앞말에 붙어서 앞말과 다른 말의 관계를 알려 주는 말을 조사라고 해. 조사는 자립할 수 없는 말이기는 하지만 하늘같이 자립할 수 있는 말에 붙어 있다가 쉽게 떨어질 수 있는 말이잖아. 그래서 조사도 단어의 일종이야. 다시 정리하자면 단어란, 문장에서 자립할 수 있는 말 또는 자립할 수 있는 말에 붙어서 쉽게 분리할 수 있는 말을 뜻해."

아이들이 여전히 고개를 갸우뚱했어요.

"잘 이해가 안 가지? 실은 학자들끼리도 조사를 단어라고 볼 수 있다, 없다로 한참을 싸웠단다. 그러다 앞에 붙은 말이 자립할 수 있는 단어니까 뒤에 붙는 조사도 그냥 단어로 인정한 거야. 대신 이 같은 조사는 앞 말에 붙여서 쓰기로 한 거지."

아이들은 찜찜한 표정을 지으며 고개를 끄덕였어요.

어절, 단어, 음절, 음운

"자, 그럼 다시 살펴보자. 이 문장은 몇 개의 어절로 이루어져 있지?"
"하나, 둘, 셋, 모두 세 덩어리니까 세 개의 어절로 이루어져 있지."
"그럼, 몇 개의 단어로 이루어져 있을까?"
"조사도 단어라고 했으니까 하늘＋이＋매우＋푸르다 네 개의 단어로 이루어져 있네."

음소가 의기양양하게 대답했어요.

"좋아. 그럼 몇 개의 음절로 되어 있지?"
"음절 수는 글자 수랑 같은 거 아닌가?"
"하나, 둘, ……, 여덟. 여덟 글자네. 여덟 음절."
"아주 쉽지? 그럼 음절을 더 쪼갤 수는 없을까?"

"음절을 어떻게 쪼개?"

음소는 별 생각도 하지 않고 이렇게 대답했지만, 삼촌은 운소 쪽을 바라보았어요. 운소가 씩 웃었어요.

"음, 운소는 기억하고 있는 것 같은데. 예를 들어 하늘이라는 두 음절을 쪼개 볼래?"

"하는 ㅎ+ㅏ, 늘은 ㄴ+ㅡ+ㄹ. 이렇게 쪼갤 수 있지."

그제야 음소도 자기 머리를 주먹으로 툭 쳤어요.

"아하, 음운!"

"그래, 맞았어. 생각나지?"

아이들은 머릿속으로 음운, 음절이 무엇인지 다시 한 번 기억을 더듬어 보았어요.

'음운은 말의 뜻을 구별하게 하는 소리의 가장 작은 단위.'

'음절은 한 번에 소리를 낼 수 있는 가장 작은 덩이리.'

> 단어란, 문장에서 자립할 수 있는 말
> 또는 자립할 수 있는 말에 붙어서
> 쉽게 분리할 수 있는 말을 뜻한다.

파생어

단어에도
뿌리와 가지가 있다

연구소에 쌍둥이가 왔어요. 그런데 삼촌이 안 보이네요.

"삼촌, 어디 갔지? 공부할 시간인데."

윤소가 궁금해하고 있는데, 베란다에서 소리가 들렸어요.

"삼촌, 뭐 해?"

그러자 삼촌이 아이들을 돌아보며 선인장을 들어 보였어요.

"응, 선인장 뿌리랑 가지를 다듬어 주고 있어. 뭐 좀 마시면서 잠깐 기다릴래?"

아이들이 두유를 마시다 보니 삼촌이 손을 씻고 들어왔어요.

"선인장이 아파?"

"아니, 선인장 뿌리가 너무 많이 자라서 잔뿌리 좀 쳐 줬어. 죽은 가지도 잘라 내고 말이야."

아이들이 두유 팩을 내려놓고 공책을 펴자 삼촌이 말했어요.

어근, 단어의 뿌리

"식물처럼 단어에도 뿌리와 가지가 있다는 거 알고 있니?"

"단어의 뿌리와 가지?"

"단어에서 뿌리가 나고 가지가 자라나?"

"민소매라는 단어를 예로 들어 보자. 이 단어에서 실제 의미를 담고 있는 중심 부분은 무엇일까? 그리고 이 중심 부분의 의미를 더 자세히 밝혀 주는 주변 부분은 무엇일까?"

"소매가 있다, 없다를 따지는 것이니까 중심 부분은 소매 아닐까?"

"그리고 민-이 소매가 없다라는 뜻을 자세히 밝혀 주니까 민-이 주변 부분이겠지?"

"맞아. 소매처럼 단어의 실제 의미를 담고 있는 중심 부분을 어근이라고 해. 단어의 뿌리라는 뜻이지."

"그럼 민-이 가지겠네?"

"그렇지. 민-처럼 어근에 붙어서 새로운 단어를 만들게 하는 주변 부분을 접사라고 해. 다시 말해 민-소매는 접사+어근으로 이루어진 단어라고 할 수 있어. 다른 예를 들어 보자. 맞다라는 어근에 빗-이라는 접사가 붙으면……."

"아, 빗맞다! 원래 있던 어근 맞다에 접사 빗-이 붙어서 새로운 단어 빗맞다가 만들어진 거지?"

"맞아. 어근 앞에 접사가 붙어서 된 말이지."

"삼촌, 접사는 언제나 어근 앞에 붙는 거야?"

"아니, 어근 뒤에 접사가 붙을 수도 있어. 멋이라는 어근 뒤에 접사가 붙는 경우를 한번 생각해 볼까?"

"아, 멋+-쟁이→멋-쟁이!"

"높다, 잡다처럼 다 자가 붙는 단어에도 접사가 붙을 수 있어."

"음… 드높다? 드-높다는 접사+어근(높다)이지?"

"잡히다? 잡-히다는 어근(잡다)+접사이고."

"맞았어. 엄밀하게 말해서 -히다에서는 -히-만 접미사이지만, 편의상 -다를 붙여서 쓰기로 하자. 이처럼 어근+접사 또는 접사+어근으로 이루어진 단어를 파생어라고 해. 파생이라는 말이 무슨 뜻인지 알지?"

"어디 어디에서 갈라져 나왔다는 뜻 아니야?"

"아주 똑똑해요."

삼촌이 아이들을 향해 엄지척을 해 보였어요.

"그럼, 파생되어 나오지 않은 원래 단어는 뭐라고 불러?"

운소가 공책에 뭔가를 적다 말고 물었어요.

"아, 원래 어근이었던 단어 말이지? 다시 말해 소매, 맞다, 멋, 높다, 잡다 등은 어근 하나만으로 이루어져 있잖아. 이런 단어들은 단일어라고 해."

음소가 재빨리 정리하고 나섰어요.

"어근 하나로 되었다. 단일하다. 그러니까 단일어라고 하겠지."

접사, 단어의 가지

"후후, 좋아. 파생어를 만드는 데 쓰이는 접사는 민-, 빗-, 드-처럼 어근 앞에 붙기도 하고, -쟁이, -히(다)처럼 어근 뒤에 붙기도 해. 앞에 붙는 접사는 머리 두(頭) 자를 써서 접두사, 뒤에 붙는 접사는 꼬리 미(尾) 자를 써서 접미사라고 한단다."

"접사에는 그러니까 접두사와 접미사, 두 가지 종류가 있는 거네."

"그럼 파생어에도 두 가지 종류가 있겠네."

"그렇지. 접두 파생어와 접미 파생어가 있겠지. 먼저, 접두 파생어는 어근에 접두사가 붙어서 만들어진 단어야. 아까 나온 민-소매, 빗-맞디, 드-높다가 접두 파생어들이지. 또 뭐가 있을까?"

"강-추위, 맨-손, 생-마늘, 헛-기침 이런 단어들이 접두사가 어근에

접두 파생어

민-소매, 강-추위, 맨-손, 생-마늘, 헛-기침
빗-맞다, 드-높다, 짓-밟다, 되-찾다, 치-솟다

붙어서 만들어진 접두 파생어지."

"-다로 끝나는 이런 단어들도 접두 파생어야. 짓-밟다, 되-찾다, 치-솟다."

"이번에는 접미사가 붙는 접미 파생어에 대해서 알아볼까?"

음소가 삼촌 흉내를 내며 말했어요. 운소도 맞장구를 쳤어요.

"아까 나온 것으로는 멋-쟁이, 잡-히다가 있지. 그럼 장난-꾸러기, 나무-꾼 같은 것도 접미 파생어겠네."

"잡-히다와 비슷한 먹-이다, 높-이다도 접미 파생어 같아."

"맞아. 아주 잘 아는구나. 접미사는 접두사보다 훨씬 더 많아. 말썽꾸러기, 꾀보, 벼슬아치, 겁쟁이, 지우개, 톱질, 웃음, 달리기 같은 단어들이 모두 접미 파생어인데, -꾸러기, -보, -아치, -쟁이, -개, -질, -음, -기 같은 접미사가 붙어서 만들어진 단어들이지. 그리고 다 자가 붙는 -롭다, -답다, -스럽다, -하다, -되다, -대다, -뜨리다, -지다, -맞다, -쩍다, -다랗다 등이 모두 접미사야."

"야, 정말 많구나! 그럼 아름답다, 어른스럽다, 멋쩍다, 높다랗다 같은

접미 파생어

멋-쟁이, 나무-꾼, 장난-꾸러기, 꾀-보, 지우-개
잡-히다, 먹-이다, 높-다랗다, 아름-답다, 공부-하다

말이 모두 접미사가 붙어서 만들어진 접미 파생어네."

"공부하다, 사랑하다처럼 -하다가 붙는 단어도 접미 파생어라면 정말 많겠다!"

운소가 혀를 내둘렀어요.

"맞아. 접미사 가운데 -하다 라는 접미사가 가장 많이 쓰이겠지? 높이, 깨끗이, 가만히, 나란히 같은 이, 히가 붙어서 만들어진 접미 파생어도 있어."

아이들이 고개를 끄덕이면서 공책에 뭔가를 적어 넣었어요. 조금 있다 공책을 덮으면서 음소가 물었어요.

"그런데 접두사 같은 게 왜 생겼을까? 그냥 새로운 말을 만들지 않고."

"원래 있던 말에 새로운 뜻을 더하고 싶어서겠지. 추위보다 더 춥다는 뜻으로 강-추위, 안 익은 마늘을 표현하고 싶어서 생-마늘."

"그렇겠지?"

음소가 답하고는 갑자기 배를 움켜쥐었어요.

"아, 배고파! 아니, 나도 뜻을 더하고 싶어. 왕배고파!"

'어근 + 접사' 또는 '접사 + 어근'으로
이루어진 단어를 파생어라고 한다.

합성어

'젓가락'은 ㅅ 받침,
'숟가락'은 ㄷ 받침?

"삼촌, 우리 라면 먹고 하자!"

음소가 연구소에 들어서자마자 소리쳤어요.

"왜? 배고파? 아직 점심 안 먹었니?"

"응. 늦잠 자다가 아침을 늦게 먹었어."

삼촌이 라면을 끓여 오자, 아이들이 배가 고팠는지 라면 건더기를 뚝딱 해치우고 국물만 남았어요.

"찬밥이 좀 남았는데, 말아 먹을까?"

"좋아. 라면에는 찬밥이 최고지!"

그런데 찬밥을 말자 젓가락만으로는 먹기 힘들었나 봐요.

아이들은 숟가락으로 라면 국물에 만 밥을 퍼 먹기 시작했어요. 젓가락으로는 연신 김치를 퍼 나르면서.

삼촌이 남은 라면 국물을 쭉 마시고는 아이들에게 물었어요.

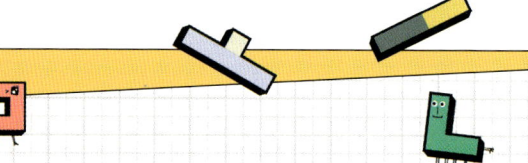

합성어, 어근이 두 개 이상 합쳐진 말

"너희들 젓가락과 숟가락은 어떻게 쓰는지 아니?"

아이들이 자신 있게 젓가락, 숟가락을 화이트보드에 썼어요.

"응, 잘 알고 있구나. 그런데 왜 젓가락은 ㅅ 받침을 쓰고, 숟가락은 ㄷ 받침을 쓰는지 아니?"

"응? 그거야, 그렇게 안 쓰면 틀리니까 그렇지."

음소의 터무니없는 대답을 듣고, 운소가 피식, 소리를 냈어요.

"젓가락은 [저까락]이라고 가락이 된소리가 되니까 사이시옷을 쓴 거지. 그리고 숟가락은… 왜 꼭 ㄷ 받침을 써야 하는지 잘 모르겠네."

"흥, 자기도 잘 모르면서 피식대기는……."

"그러게. 어쨌든 정답을 맞히는 것도 좋지만, 이유도 분명히 알아야겠지? 우리말에서는 두 단어가 합쳐져서 한 단어가 될 때, 뒷말이 된소리가 될 경우가 있다고 했지?"

"응, 된소리가 될 경우, 앞말에 받침이 없을 때는 사이시옷을 써 준다고 했어."

"그렇지. 젓가락은 젓가락을 뜻하는 한자 저(箸)와 가늘고 길게 토막이 난 물건을 세는 단위인 가락이 합쳐져서 만들어진 글자야. 그런데 [저까락/젇까락]이라고 읽기 때문에 사이시옷을 넣어서 젓가락이라고 쓰는 거지."

> 이틀+날 ➡ 이튿날   설+달 ➡ 섣달
> 술+가락 ➡ 숟가락

"그럼 숟가락도 숫가락이라고 써야 하는 거 아니야?"

"숟가락이 수와 가락이 합쳐져서 된 말이면 젓가락과 마찬가지로 사이시옷을 써야겠지. 하지만 숟가락은 술과 가락이 합쳐져서 된 말이야. 이 술은 밥 한 술 할 때의 그 술이야. 그런데 끝소리가 ㄹ인 말과 다른 말이 어울릴 때, ㄹ 소리가 ㄷ 소리로 나면 ㄷ으로 적게 되어 있어. 예를 들어 이틀+날은 이튿날, 설+달은 섣달이라고 쓰잖아. 그래서 술+가락도 숟가락으로 쓰는 거야."

아이들이 동시에 고개를 끄덕였어요.

"아하, 그렇게 된 거구나."

"그런데 갑자기 젓가락과 숟가락 이야기는 왜 꺼내는 거야?"

운소가 물었어요. 음소도 궁금해하는 눈치였지요.

"지난번에 새로운 단어가 어떻게 만들어지는지 공부했지?"

"실제 의미를 담고 있는 어근에 어근의 뜻을 더 자세히 밝혀 주는 접사가 붙어서 새로운 단어가 만들어진다고 했지."

"어근과 접사가 합쳐져 만들어지는 단어를 파생어라고 했고."

"좋아. 그럼 젓가락과 숟가락에서 어근이 무엇일까?"

"가락이 어근이겠네."

"그럼 저와 술은 뭘까?"

아이들이 머리를 갸우뚱 기울였어요.

"가락의 뜻을 자세히 밝혀 주는 건 아닌 거 같은데……."

"저와 술이 각각 자기만의 뜻을 가지는 것처럼 보여."

"그렇지? 저와 술도 실제 의미를 담고 있는 중심 부분이라고 봐야지. 다시 말해 저와 술도 어근이라는 얘기야."

"그럼 젓가락과 숟가락은 어근+어근으로 만들어진 단어네?"

"접사가 없다!"

아이들이 눈을 크게 떴어요.

"맞았어. 젓가락과 숟가락은 접사 없이 어근과 어근이 합쳐져서 만들어진 단어들이야. 이런 단어들을 합성어라고 해."

"아, 합성어는 접사 없이 어근 두 개로 만들어진 단어구나!"

"아니야, 어근은 몇 개라도 상관없어. 다시 말해 합성어란 어근이 두 개 이상 합쳐져서 만들어진 단어를 말해. 합성어의 예를 한번 찾아볼까?"

"음, 밤+낮→밤낮, 손+발→손발 같은 단어들이 합성어겠네."

"-다로 끝나는 말들도 합성어가 될 수 있어. 생각+나다→생각나다 같은 단어도 합성어고, 들다+가다→들어가다도 합성어야. 뒤의 경우는 앞에 붙는 어근이 살짝 모양이 바뀌긴 하지만 말이야."

어근과 어근이 합쳐진 합성어

밤+낮 ➡ 밤낮   손+발 ➡ 손발   작다+집 ➡ 작은집   어리다+이 ➡ 어린이

늙다+이 ➡ 늙은이   생각+나다 ➡ 생각나다   배+고프다 ➡ 배고프다

빛+나다 ➡ 빛나다   들다+가다 ➡ 들어가다   날다+가다 ➡ 날아가다

"아하, 배+고프다→배고프다, 빛+나다→빛나다도 합성어겠네."

"날다+가다→날아가다, 돌다+가다→돌아가다도."

"맞았어. 꾸미는 말처럼 붙어서 된 합성어도 있어. 어리다+이→어린이처럼 말이야."

"늙다+이→늙은이, 작다+집→작은집도 모두 합성어겠다."

"응? 작은 집이라고 띄어 써야 하는 거 아니야?"

"크기가 작은 집이면 띄어 써야겠지. 그런데 작은집은 작은아버지가 사는 집이란 뜻이잖아."

"작은아버지? 작은아버지가 누구야?"

"아빠의 남동생이 작은아버지지. 삼촌이 결혼하면 작은아버지가 되는 거야."

"하하, 맞아. 작은 집이라고 띄어 쓰면 크기가 작은 집을 가리키는 두 단어의 말이고, 작은집이라고 붙여 쓰면 작은아버지의 집이라는 뜻을 지닌 한 단어의 합성어가 되는 거야. 작은아버지도 합성어구나. 키가 작

은 아버지가 아니라 아버지의 남동생이라는 뜻이 되지. 이처럼 합성어가 되면 새로운 뜻이 생기는 경우도 있어. **밤낮**은 **밤과 낮**이라는 뜻도 되지만, 늘, 언제나 라는 뜻도 되니까 말이야. **합성어와 파생어를 합쳐서 복합어라고 해.** 그럼, 단어의 종류를 정리해 볼까?"

"먼저, 단어는 단일어와 복합어로 나눌 수 있어. 어근 하나로 이루어진 하늘, 나무, 먹다 같은 단어를 단일어라고 해."

"**복합어에는 어근 하나와 접사 하나로 이루어진 파생어와 두 개 이상의 어근으로 이루어진 합성어가 있어.**"

"우아, 대단하다, 대단해! 좋아, 아주 좋아!"

삼촌이 아이들에게 짝짝짝, 크게 박수를 쳐 주었어요.

단어는 단일어와 복합어로 나눌 수 있다.
단일어는 어근 하나로 이루어진 단어다.
복합어에는 파생어와 합성어가 있다.

품사

단어에도 종류가 있다

삼촌이 책장 정리를 하고 있는데, 연구소 문이 열렸어요.

"삼촌, 안녕?"

"어? 어서 와라."

삼촌이 쌍둥이를 맞이하며 벽에 걸린 시계를 보았어요.

"시간이 벌써 이렇게 됐네."

"삼촌, 뭐 하는데 시간 가는 줄도 몰랐어?"

"응, 책 정리 좀 하느라."

"그러고 보니 책장을 다 뒤집어 놓았네."

운소가 책장에 꽂힌 책들을 살펴보더니 한마디 했어요.

"책이 너무 많아서 분류를 다시 해 보았어. 찾기 쉽게. 오늘은 단어의 분류에 대해 공부할 차례여서 책 정리할 생각이 났지."

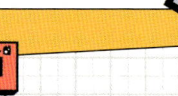

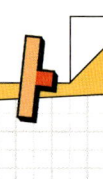

품사, 단어의 갈래

"책이 너무 많아도 문제구나."

"응, 우리가 지금 공부하고 있는 단어의 숫자도 너무나 많지. 국어사전에는 오십만 개 이상의 단어가 실려 있고, 우리가 실제로 사용하는 단어만 해도 오만 개가 넘으니까. 그래서 단어 공부를 제대로 하려면 단어를 체계적으로 분류해서 공부해야겠지."

"그런데 단어를 어떻게 분류해?"

"공통된 성질을 가진 단어들끼리 묶어서 분류하는데, 이렇게 분류해 놓은 것을 품사라고 해. 그런데 어떤 것을 분류하려면 기준이 있어야 하겠지? 단어를 품사별로 분류할 때는 형태, 기능, 의미, 이렇게 세 가지 기준을 따라."

"형태에 따라 분류한다는 게 무슨 뜻이야?"

"단어가 문장 속에서 쓰일 때 형태가 변하느냐, 변하지 않느냐를 기준으로 분류한다는 뜻이야. 하늘이 몹시 푸르다.라는 문장을 한번 보자. 여

형태에 따른 분류

하늘 이 몹시 푸르다(푸르러/푸르게/푸르지/푸르고).
불변어   가변어

기에서 하늘, 이, 몹시는 다른 문장에서 쓰이더라도 그 형태가 변하지 않아. 하지만 푸르다는 푸르러, 푸르게, 푸르지, 푸르고 등으로 얼마든지 형태가 변할 수 있잖아. 이렇게 형태가 변하는 단어를 변할 수 있다는 뜻에서 가변어라고 하고, 형태가 변하지 않는 단어를 불변어라고 해."

품사를 분류하는 기준

"그렇구나. 그럼 기능에 따라 분류한다는 것은?"
"단어가 문장 속에서 하는 일이 무엇이냐에 따라 나눈다는 뜻이야. 아, 어린 사슴이 벌써 일어섰구나! 하는 문장을 보자. 아가 이 문장에서 하는 일이 뭘까?"
"말하는 사람이 자기 느낌을 표현하는 거지."
"맞았어. 그런데 아가 꼭 있어야 할까?"
"없어도 될 거 같아."
"그렇지? 이 아는 다른 단어들과는 독립적으로 문장 전체의 느낌을 전하고 있는 단어지. 그래서 이런 단어를 독립언이라고 해."
"다른 단어들과 별 관계가 없다는 뜻이구나."
"응. 그리고 이 문장의 주인공은 누구일까?"
"주인공? 누가 일어섰느냐 하는 거지? 사슴이잖아."

기능에 따른 품사의 분류

아, 어린 사슴/이 벌써 일어섰구나!

독립언   수식언   체언/관계언   수식언   용언

"맞았어. 누가를 나타내는 사슴이라는 단어는 이 문장의 주인공 또는 주인이라고 할 수 있어. 문장 속에서 이런 일을 하는 단어를 문장의 몸통이라는 뜻에서 몸 체(體) 자를 써서 체언이라고 해. 그리고 이 체언이 어찌했는지를 나타내는 단어도 있지?"

"사슴이라는 체언이 일어섰다는 거니까 일어섰구나가 그 단어지."

"맞아. 문장 속에서 주인공인 체언이 어찌하는지, 어떠한지, 무엇인지 등을 가리키는 말을 용언이라고 해."

"체언과 용언."

새로운 용어들이 나오자, 아이들이 공책에 열심히 받아 적었어요. 무슨 뜻인지도 대충 써 놓고요.

"그럼 어린과 벌써는 무슨 일을 할까?"

"어린 사슴이니까 어린은 사슴이라는 체언을 꾸며 주는 말이네."

"벌써 일어섰구나 라고 했으니까 벌써는 일어섰구나 라는 용언을 꾸며 주고."

"맞아. 꾸민다는 말을 다른 말로 수식한다고 하지? 그래서 체언과 용

언을 꾸며 주는 단어를 수식언이라고 해. 그럼 이제 하나 남았나?"

"사슴이에서 이는 저번에 배운 거 같은데……."

"이처럼 앞말에 붙어서 앞말과 뒷말 사이의 관계를 보여 주거나 앞말의 뜻을 도와주는 말을 조사라고 했지."

운소가 공책을 뒤적이더니 재빨리 지난번에 적어 놓은 것을 보고 읽었어요.

"맞았어. 이는 조사지. 여기서는 체언 사슴과 용언 일어섰구나의 관계가 어떤 것인지 보여 주고 있잖아. 그래서 조사를 관계언이라고 해."

"자, 그럼 품사를 나누는 기준 마지막 하나가 남았지?"

"의미에 따라 나눈다고 했는데."

삼촌은 화이트보드에 도표를 하나 그렸지요.

"그렇지. 단어의 의미를 기준으로 단어를 나누면 사물의 이름을 나타

기능	의미
체언	명사, 대명사, 수사
용언	동사, 형용사
수식언	관형사, 부사
관계언	조사
독립언	감탄사

내는 명사, 명사를 대신해서 쓰이는 대명사, 수량과 차례를 나타내는 수사, 움직임을 나타내는 동사, 성질이나 상태를 나타내는 형용사, 체언을 꾸며 주는 관형사, 용언을 꾸며 주는 부사, 느낌을 나타내는 감탄사, 말과 말의 관계를 나타내는 조사, 이렇게 모두 아홉 가지로 나눌 수 있어. 우리가 흔히 품사라고 하면 이 아홉 개의 품사를 말해."

'뭐 그래? 뭐가 이렇게 복잡해?' 하는 아이들의 마음이 표정에 그대로 드러났어요.

> 품사는 공통된 성질을 가진 단어들끼리 묶어서 분류해 놓은 것이다. 단어를 품사별로 분류할 때는 형태, 기능, 의미의 세 가지 기준을 따른다. 흔히 품사라고 하면 단어의 의미를 기준으로 나눈 아홉 가지 품사를 말한다.

체언

문장에도 주인공이 있다

"지난번에 품사에 대해 공부했지?"

"응, 엄청나게 복잡한 공부를 했지."

"공통된 성질을 가진 단어들끼리 분류해 놓은 것을 품사라고 한다며?"

운소가 대답하고 나서 입을 삐죽거렸어요.

"맞았어. 그런데 왠지 기분이 안 좋은 거 같다?"

"아이, 외울 게 너무 많잖아."

"한꺼번에 새로운 용어를 너무 많이 만나서 복잡하게만 생각되지? 이제 하나씩 차근차근 알아보고 나면 그렇게 복잡하다는 생각은 안 들 거야. 오늘은 체언에 대해서 좀 더 자세히 공부해 보자."

체언, 문장의 주인공 역할

"체언이 뭐라고 했지?"

"문장에서 주인공 역할을 하는 말."

음소가 불만스럽다는 듯이 짧게 대답했어요.

"맞았어. 앞에서 말한 아홉 개의 품사 가운데 체언에 속하는 품사는 명사, 대명사, 수사 이 세 가지야. 먼저, 명사부터 알아볼까? 명사란 사람이나 사물의 이름을 나타내는 단어야. 꽃, 집, 사람, 책상, 공부, 철수, 영희, 이런 단어들이 명사에 해당하지."

"다른 것은 알겠는데, 공부는 사물이나 사람이 아니잖아."

"응, 사물이라는 단어는 일과 물건을 함께 뜻해. 그래서 어떤 일이나 사람의 생각 같은 것도 명사로 분류하지. 공부란 학문이나 기술을 배우고 익힘이라는 뜻인데, 이런 행위에 공부라는 이름을 붙인 것이라고 이해하면 되겠지? 공부 뿐만 아니라 운동, 사랑, 삶, 기억같이 손으로 잡을 수도 없고 셀 수도 없는 단어들도 모두 명사에 속한단다."

"우리 이름, 음소와 운소도 명사겠네?"

"그렇지. 특히 사람 이름처럼 어떤 대상을 다른 대상과 구별하기 위해서 붙인 이름을 고유 명사라고 해. 사람 이름뿐만 아니라 나라 이름, 도시 이름, 회사 이름 등은 모두 고유 명사에 속하지."

"아하, 그럼 대한민국, 미국, 서울, 뉴욕, 삼성, 현대 같은 이름들이 고유 명사구나."

"그럼 꽃이나 집, 사람 같은 명사는 고유 명사가 아니야?"

"응. 꽃이나 집, 사람 같은 명사는 같은 성질을 지닌 대상들을 두루 말하는 거잖아? 이처럼 대상의 종류를 말할 때 붙이는 이름은 보통 명사라고 해. 명사는 문장 속에서 다른 말의 도움을 받지 않고도 홀로 쓰일 수 있어. 그런데 명사 가운데는 반드시 그 앞에 꾸며 주는 말이 있어야만 문장에 쓰일 수 있는 것들이 있어. 네가 본 대로 이야기해 볼래?, 하지만 저는 모르는 척 고개를 저었어요. 이 두 문장에서 쓰인 대로와 척 같은 명사는 (본) 대로, (모르는) 척과 같이 앞에 꾸며 주는 말이 있어야만 문장에서 쓰일 수 있어. 이런 명사들을 의존 명사라고 해."

"자립하지 못하고 다른 말에 의존해야 하니까 의존 명사라고 하는구나."

"의존 명사에는 대로, 척 말고 또 어떤 것이 있어?"

"(-할) 것, (-할) 뿐, (먼) 데, (그릴) 수, (-할) 뻔, (-할) 만큼, (-할) 만 등이 있어. 그리고 개, 마리, 명, 권, 자루, 벌, 켤레처럼 앞에 오는 명사를 셀 때 쓰는 단위 이름도 의존 명사야."

"한 개, 두 마리, 이런 식으로 쓰이니까 단위 이름도 홀로 쓰일 수는 없겠구나."

대명사, 이름을 대신 나타내는 말

"다음은 대명사에 대해 알아보자. 대명사가 무슨 뜻일까?"

"대명사? 커다란 명사인가?"

"후후, 여기서 대 자는 큰 대(大) 자가 아니라 대신한다는 뜻의 대(代) 자야."

"아, 명사 대신 쓰는 말인가 보다."

"응, 운소 말대로, 명사 대신 쓰는 체언을 대명사라고 해. 선생님께서 도서관에서 책을 읽으신다. 이 문장을 대명사를 써서 바꾸어 보자. 그럼 그분께서 그곳에서 그것을 읽으신다.라고 바꿀 수 있겠지? 여기에서 사용된 그분, 그곳, 그것은 앞에 나온 선생님, 도서관, 책이라는 명사 대신 쓰인 체언이야. 즉 대명사지."

"명사 대신 쓰려면 그 명사들이 반드시 앞에 나와야 하겠네?"

"그래야겠지. 여기서 그분은 선생님 대신 쓰였지? 이렇게 사람을 가리키는 대명사를 인칭 대명사라고 해. 인칭 대명사는 일인칭, 이인칭, 삼인칭, 미지칭, 부정칭, 재귀칭으로 나누어져."

"일인칭, 이인칭, 삼인칭은 영어에서만 쓰는 말인 줄 알았는데."

"흥, 어느 나라 말에서든 쓰일걸?"

운소가 콧방귀를 뀌었어요.

"그렇지. 어느 나라 말에서건 말하는 사람이 자기 자신을 가리키는 대

135

명사를 일인칭 대명사라고 해. 일인칭 대명사에는 뭐가 있을까?"

"나, 우리, 이런 게 일인칭이지."

"저, 저희도 일인칭이지?"

"맞아. 옛날에 쓰이던 소인, 짐도 모두 일인칭 대명사야. 이인칭 대명사는 듣는 사람을 가리키는 대명사지. 뭐가 있을까?"

"너가 있을 테고, 복수로 너희, 여러분, 너의 높임말인 자네, 그대, 당신, 댁, 귀하 등이 있어."

"하지만 당신이라고 하면 듣는 사람은 화낼걸."

"그렇지. 당신이라는 이인칭은 부부 사이나 나이가 비슷한 사람 사이에서 쓰이는 말이니까 모르는 사람이나 나이가 더 많은 사람을 당신이라고 하면 예의에 어긋나지."

"당신이 높임말인 줄 알았는데, 주의해서 사용해야겠구나."

"응, 그러는 게 좋겠지. 자, 이제 삼인칭 대명사다. 삼인칭 대명사는 말하는 사람과 듣는 사람이 아닌, 말 그대로 제삼의 인물을 가리키는 대명사지. 삼인칭 대명사에는 어떤 것들이 있을까?"

"그, 그녀가 대표적인 듯."

"이분, 그분, 저분, 이이, 그이, 저이가 삼인칭 대명사인가?"

"맞아, 그런데 우리말에서는 삼인칭 대명사를 잘 쓰지 않아. 그/그녀도 영어의 he/she를 번역해서 쓴 말이라고 해. 그래서 소설 같은 글에서나 쓰이지 일상생활에서 쓰는 사람은 거의 없지, 아마?"

"그렇군. 인칭 대명사는 그렇다 치고, 미지칭, 부정칭, 재귀칭은 뭐지?"

음소가 투덜거렸어요.

"단어가 어렵지? 미지란 모른다는 뜻인데, 누구 말이 맞아?라는 문장에서 누구가 미지칭 대명사야. 누구는 대상의 이름이나 신분을 모를 때 쓰는 말이잖아. 뒤에 조사 가가 붙을 때는 누구가라고 쓰지 않고 누가라고 쓰지."

"부정칭은 또 뭐야?"

"부정이란 정해지지 않았다는 뜻이야. 그것은 아무도 모르는 일이다.라는 문장에서 아무가 바로 부정칭 대명사지. 그것은 누구나 할 수 있는 일이다.라는 문장에서는 누구가 부정칭 대명사로 쓰였어. 특별히 정해진 어떤 사람이 아니라 다른 어떤 사람이라도 할 수 있다, 이런 뜻이지. 그러나 아무와 누구는 쓰임새가 조금 달라. 아직 아무도 안 왔어. 이 문장을 아직 누구도 안 왔어.라고 바꿔 쓰면 조금 어색하잖아."

"그렇구나. 아무를 써야 할지, 누구를 써야 할지 잘 따져 봐야겠네."

"응, 그래야지. 마지막으로 재귀란 다시 돌아온다는 뜻이야. 철수는 아직 어린애라서 철수만 안다니까요. 이런 문장을 보자."

"철수가 둘인가? 두 번째 철수가 누구야?"

"철수가 자기만 안다는 뜻이겠지?"

"바로 그거야! 한 문장 안에서 철수라는 명사를 반복해서 사용하니까 뜻이 분명하지 않지? 그러니까 운소도 자기라는 말로 두 번째 철수를 바꾸어 썼잖아. 이처럼 앞에 나온 명사를 다시 가리킬 때 사용하는 자기가 바로 재귀칭 대명사야."

"앞에 나온 명사를 다시 가리키니까 재귀라는 말을 썼구나."

"인칭 대명사 이야기는 이 정도로 하고, 이번에는 지시 대명사에 대해 알아보자. 지시 대명사에는 사물을 가리키는 사물 대명사 이것, 그것, 저것, 무엇과 공간이나 장소를 가리키는 처소 대명사 여기, 거기, 저기, 어디가 있어."

"사물 대명사의 미지칭 무엇은 이것은 무엇입니까? 할 때 쓰이는 거겠지? 부정칭으로도 쓰이는 거 같아. 무엇인가 먹었니? 이럴 때는 부정칭으로 쓰이는 거지?"

"처소 대명사 어디도 마찬가지 같아. 어디 가니? 이럴 때는 미지칭이지만, 어딘가 가니? 이럴 때는 부정칭이네."

수사, 수량과 차례를 나타내는 말

"오, 다들 잘 알고 있구나. 좋아. 그럼 이번에는 마지막 체언으로 수사에 대해 알아볼까?"

"수사는 간단할 거 같은데. 수량과 차례를 나타내는 체언이라며?"

"응, 수량을 나타내는 수사, 즉 양수사에는 하나/둘/셋처럼 고유어로 된 것도 있고, 일/이/삼처럼 한자어로 된 것도 있어."

아이들이 고개를 끄덕였어요.

"차례를 나타내는 수사는 서수사라고 하는데, 첫째, 둘째, 셋째처럼 -째라는 접미사를 붙여 만들지. 그런데 수량과 차례를 나타내는 단어라도 하루, 이틀, 처음, 끝 같은 단어들은 수사가 아니라 보통 명사야."

"어렵네, 후유!"

"그러니까 어렵고 복잡하다고 생각하지 말고, 잘 모르겠다 싶을 때는……."

"아, 아, 알았어. 사전을 찾아봐라, 이거지?"

삼촌이 손가락으로 오케이 표시를 만들어 보였어요.

문장 속에서 주인공 또는 주인 역할을 하는 단어를 문장의 몸통이라는 뜻에서 몸 체(體) 자를 써서 체언이라고 한다. 체언에 속하는 품사는 명사, 대명사, 수사, 세 가지다.

관계언

무슨 관계를
맺어 주길래?

"삼촌, 우리 왔어!"

"응, 어서들 와."

아이들이 탁자에 앉아 공책을 펴는 동안, 삼촌은 화이트보드에 문장 하나를 썼어요. 그런데 빈칸이 두 개 있네요.

승호(　) 책(　) 읽는다.

"괄호 안에 뭐가 들어가냐, 이거지?"

"'가'와 '을'이잖아. 승호가 책을 읽는다."

"'가' 대신 '는'이 들어갈 수도 있잖아. 승호는 책을 읽는다."

삼촌이 고개를 끄덕거렸어요.

"맞았어. 첫 번째 괄호에는 '가' 또는 '는'이 들어가고 두 번째 괄호에는 '을'이 들어가지. 이 '가, 는, 을'의 품사가 뭘까?"

유일한 관계언, 조사

"조사 아니야? 앞말에 붙어 있으면서 쉽게 떨어지는 단어."

"맞았어. 괄호 안에 들어가는 가, 는, 을의 품사는 조사지. 그런데 어떤 단어에 붙어 있지?"

"승호와 책."

"명사에 붙어 있네."

"그렇지? 조사는 이렇게 명사에 붙어. 나는 너를 좋아해.라는 문장에서는 어디에 붙어 있니?"

"나, 너. 대명사에 붙어 있네."

"맞아, 조사는 주로 체언에 붙어. 문장 속에서 하는 일로 볼 때는 관계언이라고 해. 체언에는 명사, 대명사, 수사, 이 세 가지가 있었지. 그런데 관계언에는 조사 하나밖에 없어."

"관계언? 무슨 관계를 맺어 주길래 조사를 관계언이라고 불러?"

"앞에서 하늘이 매우 푸르다.라는 문장에서 잠깐 이야기했지?"

"아, 푸른 것이 하늘이라는 것을 알려 준다는 거?"

"푸르다의 주인공이 하늘이라는 거잖아?"

"맞아. 이라는 조사 때문에 우리는 하늘과 푸르다 두 말 사이의 관계를 알 수 있는 거지. 승호가/는 책을 읽는다.라는 문장에서도 승호와 책을 읽는다 사이의 관계를 알 수 있잖아."

"그럼 을은?"

"승호가 읽는 것이 책이라는 것을 알려 주네."

"맞아. 이번에는 **책과 승호가/는 읽는다**의 관계를 알려 주는 거지."

"아, 그래서 조사를 관계언이라고 하는구나."

조사의 종류

"**조사에는 격 조사, 접속 조사, 보조사**, 이렇게 세 가지 종류가 있어. 먼저, **격 조사는 조사 앞에 오는 체언이 문장 안에서 일정한 자격을 갖도록 해 주는 조사**를 말해."

"자격?"

"응, 주격, 소유격, 목적격, 이런 말들 들어 봤지?"

"아, 자격이라는 말이 그런 것을 말하는 거야?"

"영어 시간에 배웠어. I/my/me, you/your/you 주격, 소유격, 목적격."

"응, 우리말에서도 격이라고 하는데, 영어에서는 단어 자체가 변하지만, 우리말에서는 조사가 체언 뒤에 붙어서 격을 표시해 줘."

"그래서 격 조사라고 하는구나."

"응, 격 조사에는 **주격 조사, 목적격 조사, 관형격 조사, 부사격 조사,**

보격 조사, 호격 조사, 서술격 조사, 이렇게 일곱 가지가 있어."

"후유, 종류가 무척 많네."

음소가 한숨을 내쉬었어요.

"종류만 많지 우리가 평소에 많이 쓰는 것들이니까 그리 어렵지는 않을 거야. 먼저, 주격 조사란 체언을 주격으로 만들어 주는 조사겠지? 주로 이/가가 쓰이는데, 기린이 도망친다.처럼 받침 있는 체언 뒤에서는 이를 쓰고 사자가 달린다.처럼 받침 없는 체언 뒤에서는 가를 쓰지."

"기린, 사자라는 체언이 문장에서 주인공 자격을 갖게 한다, 이거지?"

"그렇지. 목적격 조사는 체언을 행위나 움직임의 대상으로 만들어 주는 조사야. 을/를이 있는데, 동생이 그림책을 본다.처럼 받침이 있는 체언에는 을이 붙고, 가수가 노래를 부른다.처럼 받침 없는 체언에는 를이 붙지."

"보는 행위의 대상이 그림책이고, 하는 대상이 노래라는 뜻이구나."

"응, 그리고 관형격 조사에는 나의 책, 꽃의 향기와 같은 표현에서 쓰인 의가 있어."

"관형격 조사란 게 무슨 뜻이야?"

운소가 이마에 주름을 잡으며 궁금해했어요.

"뒤에 오는 체언을 꾸미는 말로 만들어 주는 조사라는 뜻이야. 나의는 책을 꾸미고 꽃의는 향기를 꾸미잖아? 의가 대명사 나와 명사 꽃에 붙어 꾸미는 말로 만들어 준 거지."

고개를 끄덕이는 운소를 보며 삼촌이 설명을 이어 갔어요.

"그다음 부사격 조사에는 에, 에서, 에게 등이 있어. 미리는 지금 학교에 있다, 아빠가 방에서 책을 읽어요, 민서는 동생에게 딸기를 주었다에서처럼 부사격 조사는 체언을 주인공의 상태나 동작을 꾸미는 말로 바꾸어 주지."

"아하, 미리가 지금 어디에 있는지, 아빠가 어디에서 책을 읽는지, 민서가 딸기를 누구에게 주었는지 알려 주는 말로 바꾸어 주는구나."

"그렇지. 보격 조사는 주격 조사와 마찬가지로 이/가야. 거지는 왕자가 되었다, 거미는 곤충이 아니다처럼 되다, 아니다 앞에 오는 (왕자)가, (곤충)이를 보격 조사라고 하지."

"보격이 무슨 말인데?"

"보격의 보는 보충한다는 뜻이야. 그래서 보격 조사가 붙은 말이 문장에 없으면 완전한 문장이 되지 않아."

"그런가? 거지는 되었다. 이상하구나."

"거미는 아니다. 뭔가 사람 궁금해지게 만드는 문장이군."

"하하, 다음으로 호격 조사는 사람을 부를 때 쓰는 조사야."

"사람을 부를 때 쓰는 조사?"

"아, 뭔지 알겠다. '운소야.' 할 때 야?"

"그래, 맞아. 받침이 있을 때는 이 사람아 할 때처럼 아가 되겠지? 신이시여 할 때의 이시여도 호격 조사야. 마지막으로 서술격 조사."

"서술이라면 ~이다 뭐, 이런 거 아닌가?"

음소가 눈썹을 치켜세우며 말했어요.

"맞았어! 문장에서 주인공이 무엇이다, 어찌하다, 어떠하다 는 것을 알려 주는 말을 서술어라고 해. 체언을 서술어로 만드는 조사가 서술격 조사인데, 이다 하나밖에 없어."

"음소는 참 똑똑한 학생이다. 할 때의 이다가 서술격 조사다 이거지?"

"흥! 음소는 참 웃기는 학생이다.가 맞는 문장이겠지."

운소가 음소를 놀렸어요. 음소가 뭐라고 대꾸하려는데, 삼촌이 손가락을 입에 대고 음소를 말렸어요.

"이다가 서술격 조사라는 것은 둘 다 잘 알게 된 거 같구나. 그런데 이다 는 다른 조사들과 다른 점이 한 가지 있어."

아이들이 궁금하다는 표정을 지으면서 삼촌을 바라보았어요.

"이다 는 **음소는 참 훌륭한 학생이다/이군/이네/이에요.**처럼 형태가 바뀌어. 그래서 다른 조사들은 모두 형태가 바뀌지 않는 불변어지만……."

"이다 는 형태가 바뀌는 가변어다, 이 말이군요."

"역시 음소는 훌륭한 학생이군요."

음소가 장난스럽게 말하자, 삼촌도 음소 흉내를 냈어요. 운소는 입을 삐죽거렸지만요.

"다음은 접속 조사 이야기를 해 볼까? 개와 고양이를 기른다. 이 문

> **격조사의 종류**
>
> **주격 조사**: 이/가
> **목적격 조사**: 을/를
> **관형격 조사**: 의
> **부사격 조사**: 에/에서/에게
> **보격 조사**: 이/가
> **호격 조사**: 야/아/이시여
> **서술격 조사**: 이다 ➡ 이고/이군/이네/이면……. (가변어)

장에서 조사가 무엇인지 찾을 수 있겠니?"

"를이 있네. 를은 목적격 조사지?"

"와도 조사인 거 같은데… 무슨 조사지?"

"응, 둘 다 조사를 잘 찾았어. 를은 목적격 조사이고, 와는 뭔지 모르겠지? 이 와가 바로 접속 조사야. 접속이란 서로 잇는다는 뜻인데, 개와 고양이 두 단어를 이어 주는 조사가 바로 와니까 접속 조사라고 하는 거야. 접속 조사에는 와 말고도 더 있을 거 같지?"

"와와 똑같은 과도 접속 조사일 테고, 나하고 너에서 하고, 사과랑 배랑에서 랑도 접속 조사겠지?"

"배며 대추며에서 며, 개나 소나에서 나도 접속 조사겠네."

삼촌이 아이들에게 엄지척을 해 보였어요.

특별한 뜻을 더해 주는 보조사

"좋아, 아주 좋아! 그럼 바로 보조사로 들어가기로 하지!"

삼촌이 신이 난 것 같네요.

"보조사란 보충해 주는 조사란 뜻이야. 무엇을 보충해 주느냐, 바로 앞말에 특별한 뜻을 더해 주는 거지."

"무슨 특별한 뜻?"

아이들이 궁금하다는 듯이 삼촌을 빤히 바라보았어요.

"아인이가 책을 읽는다.라는 문장을 보자. 문장이 무슨 뜻인지는 물론 알겠지? 여기에서 조사는?"

"아인이가에서 가, 주격 조사."

"책을에서 을, 목적격 조사."

삼촌은 문장에서 한 글자를 슬쩍 바꾸어 썼어요.

아인이는 책을 읽는다.

"이렇게 주격 조사 가를 는으로 바꾸어 쓰면 느낌이 좀 달라지지? 어떻게 달라졌을까?"

아이들이 고개를 갸우뚱하면서 곰곰이 생각에 잠겼어요.

"다른 아이들은 무엇을 하는지 모르겠지만, 어쨌든 아인이는 책을 읽고 있다, 뭐 그런 뜻으로 읽혀."

"아인이가 책을 읽는다.는 누가 책을 읽지?라는 질문에 대한 대답 같고, 아인이는 책을 읽는다.는 아인이는 무엇을 하지?라는 질문에 대한 대답처럼 들려."

"둘 다 아주 설명을 잘했어. 그럼 이렇게도 바꾸어 보자."

아인이는 책만 읽는다.

"아인이는 다른 것은 안 하고 책만 읽는다는 뜻이 되었네?"

"그렇지? 주격 조사 가와 목적격 조사 을 대신 는, 만을 쓰니까 앞말 아인이와 책에 특별한 뜻이 생겼잖아. 는, 만과 같은 조사를 보조사라고 하는 거야."

"그렇구나. 그럼 보조사에도 종류가 많겠네."

격조사와 보조사

아인이**가** 책을 읽는다. (격조사)
아인이**는** 책을 읽는다. (보조사)
아인이는 책**만** 읽는다. (보조사)
아인이는 책**도** 읽는다. (보조사)

"아주 많지. 은/는은 대조에 쓰여. (다른 사람은 몰라도) 너는 꼭 와야 해. 무엇에 대해 이야기하고 있는지 알려 주기도 해. 설악산은 단풍이 아름다워. 강조할 때도 쓰이지. 잘못은 내가 했지. 도, 뿐, 까지, 마다, 부터 등도 보조사야. 게임만 하지 말고 책도 좀 읽어.(더함) 믿을 사람은 아버지뿐이다.(하나밖에 없음) 갈 데까지 가 보자.(마지막) 사람마다 다르다.(모두) 나부터 잘하자.(시작) 등등."

"정말 보조사가 붙으니까 뜻이 더해지는구나."

"문장이 아주 다채로워지는 느낌인데."

"그렇지? 보조사는 특별한 뜻을 더해 주는 아주 고마운 조사야."

아이들은 공책에 적어 놓은 보조사들을 다시 한번 읽어 보았어요.

문장에 쓰인 단어들의 관계를 나타내는 '관계언'에는 조사 하나밖에 없다.
조사에는 격 조사, 접속 조사, 보조사가 있다.

용언

'어찌하다'와 '어떠하다'

"삼촌, 안녕?"
"어서들 와라. 날씨가 꽤 선선해졌지?"
창가에 서서 창밖을 보고 있던 삼촌이 아이들에게 물었어요.
"응, 운소는 벌써 누비옷을 꺼내 입었다니까."
"얇은 옷이라 괜찮아. 음소가 괜히 트집 잡는 거야."
"그런데 삼촌, 무얼 보고 있었던 거야?"
"단풍 구경하고 있었어. 단풍이 아주 곱지?"

아이들도 삼촌이 손으로 가리키는 방향을 보았어요. 공원 한쪽에 울타리 삼아 나무들이 나란히 심겨 있어요. 나뭇잎이 모두 울긋불긋 물들었네요. 공원에서는 강아지 뒤를 따라 아이들이 달리고 있어요. 공원 한편에 옹기종기 모여 서 있는 엄마들도 보였고요.

동작과 상태를 나타내는 용언

"오늘은 여기에서 보이는 풍경으로 공부를 시작해 볼까? 먼저, 강아지가 어찌하고 있지? 그리고 단풍이 어떠하지?"

"강아지가 달리고 있어."

"단풍이 예뻐."

"좋아. 아주 적절한 문장이 나왔구나."

삼촌이 탁자에 자리를 잡고 앉았어요. 아이들도 삼촌 건너편에 앉아 공책을 꺼냈어요.

"두 문장을 보자. 두 문장의 주인공은 누구지?"

"강아지와 단풍이지."

"주인공이 어찌하고 있고, 어떠한지는 어떤 단어가 서술하고 있니?"

"달리고와 예뻐."

"맞았어. 달리고(달리다)와 예뻐(예쁘다)처럼 문장 속에서 (주인공이) 어찌하다 또는 (주인공이) 어떠하다 하고 서술해 주는 단어를 용언이라고 해. 그리고 달리다처럼 움직임을 나타내는 품사를 동사라고 하고, 예쁘다처럼 어떤 성질이나 상태를 나타내는 품사를 형용사라고 한단다."

"주인공의 움직임이나 성질, 상태를 알려 주는 말이 용언이다, 이거네."

"그럼, 용언에는 동사와 형용사 두 가지가 있는 거지?"

"그렇지. 그런데 달리다는 달린다/달리고/달려서/달리는 이런 식으로 문장 속의 쓰임에 따라 형태가 달라져. 예쁘다도 예쁜/예쁘니까/예쁘게/예뻐서처럼 형태가 바뀌지."

"용언은 형태가 달라지는 가변어로구나."

"체언은 불변어라고 했지?"

"맞아. 먼저 동사부터 이야기해 보자. 동사는 움직임을 나타내는 품사라고 했어. 어떤 단어들이 있을까?"

"움직임? 그럼 기다, 걷다, 뛰다 같은 단어가 동사겠네."

"잡다, 때리다, 차다처럼 몸으로 하는 동작도 모두 동사겠는데."

"맞았어. 움직임이 아주 크거나 움직임으로 이루어진 놀다, 살다 같은 단어도 모두 동사야. 그리고 사물의 작용 또한 동사에 들어가."

"사물의 작용?"

"(물이) 얼다, (꽃이) 피다 같은 단어도 동사에 들어간다, 이 말이야."

"하긴 느린 속도로 찍은 동영상을 보면 물이 어는 것이나 꽃이 피는 것도 움직이는 것처럼 보이니까."

"웬일로 네가 아주 똑똑한 소리를 한다?"

음소가 '이게?' 하면서 노려보았지만 삼촌이 말을 시작했어요.

"동사에는 자동사와 타동사 두 가지 종류가 있어. 타동사부터 설명하자면 을/를이 붙은 단어가 있어야만 하는 동사를 타동사라고 해."

"응? 그게 무슨 말이야?"

"우리는 단풍을 본다.라는 문장이 있어. 여기에서 을이 붙은 단어 단풍을이 없다고 치자. 그럼 어떻게 되니?"

"우리는 본다."

"우아, 아주 궁금하다. 뭘 본다는 거야?"

음소가 큰 소리로 말했어요.

"그렇지? 당장 궁금해지지? 그래서 우리는 본다 라는 문장은 완전한 문장이라고 할 수 없어. 단풍을처럼 을/를이 붙은 말이 있어야만 본다 라는 동사가 제 역할을 하는 거지. 이렇게 '무엇을'에 해당하는 말이 꼭 있어야 하는 동사를 타동사라고 해."

"아하, 그럼 사자가 (사슴을) 먹는다, 시장에서 (떡을) 판다, 경찰이 (도둑을) 잡는다 에서 먹다, 팔다, 잡다가 모두 타동사겠구나."

"그럼 자동사는 뭐야? '을/를'이 없어도 되는 동사야?"

삼촌이 고개만 끄덕이며 눈으로 말했어요.

'예를 들어 볼래?'

"내가 웃었어요, 아이가 앉았어요, 기차가 간다, 새가 운다."

'을/를'이 붙은 단어가 있어야만 하는 동사, 타동사

사자가 사슴을 먹는다.
시장에서 떡을 판다.
경찰이 도둑을 잡는다.

> **'을/를'이 붙은 단어가 있어야만 하는, 자동사**
>
> 내가 웃었다.   아이가 앉았다.
> 기차가 간다.   새가 운다.

"웃다, 앉다, 가다, 울다 등이 모두 자동사겠구나."

"맞았어. 자동사와 타동사의 차이를 잘 알겠지? 자, 그럼 형용사 차롄가? 문장 속에서 주인공의 성질이나 상태를 나타내는 품사를 형용사라고 했지? 어떤 단어들이 있을까?"

"성질이나 상태라면, (마음씨가) 곱다, (사탕이) 달다, (물이) 흐리다 같은 단어겠네."

"부지런하다, 나쁘다, 아름답다, 느리다, 이런 단어는 모두 형용사일 듯."

"맞았어. 이렇게 성질이나 상태를 나타내는 형용사는 특히 성상 형용사라고 해."

"성질과 상태에서 한 글자씩 떼어 온 거네?"

"성상 형용사 말고 다른 형용사도 있나 보지?"

"오늘 공원에서 강아지 한 마리를 보았다. 그렇게 귀여운 강아지는 처음 본다.에서 그렇게 처럼 앞에 나온 대상의 성질이나 상태를 가리키는 형용사는 지시 형용사라고 해. 이러하다(이렇다), 그러하다(그렇다), 저러하다(저렇다) 등이 있어."

"아하, 이렇게, 그렇게, 저렇게가 형용사였구나. 지시 형용사."

본용언과 보조 용언

"그럼, 이번에는 보조 용언에 대해 알아보자."

"보조? 도와준다는 뜻인가?"

"맞아. 용언 가운데는 홀로 쓰이지 못하고 다른 용언 뒤에 붙어서 의미를 더해 주는 용언이 있어. 이렇게 도움을 주는 용언을 보조 용언이라고 하고, 도움을 받는 용언은 본용언이라고 해. 영화가 끝나 간다, 이 소리를 들어 보자 이 두 문장에는 용언이 각각 두 개인데, 앞에 있는 용언이 본용언이고, 뒤에 있는 용언이 보조 용언이야."

"본용언과 보조 용언을 어떻게 구분해?"

"보조 용언은 홀로 쓰일 수 없다고 했으니까 용언 하나를 빼고 문장을 만들어 보면 알 수 있어. 끝나, 들어를 빼 보자."

도움 받는 용언, 도움 주는 용언

- 영화가 끝나 간다.
  본용언 보조 용언

- 이 소리를 들어 보자.
  본용언 보조 용언

"영화가 간다. 이 소리를 보자 말이 안 돼."

"말이 안 된다는 것은 간다, 보자라는 용언이 홀로 쓰이지 못한다는 뜻이고, 따라서 이 용언들이 보조 용언이라는 거지."

"그럼 다른 용언을 빼고 문장을 만들어 보면 어떻게 되지?"

"영화가 끝난다. 이 소리를 듣는다 어? 말이 되네."

"그래. 그러니까 끝나, 들어가 본용언이라는 뜻이구나."

"맞았어. 본용언은 문장 속에서 단어 본래 의미대로 사용되기 때문에 홀로 쓰일 수 있어. 하지만 보조 용언은 단어 본래 의미대로 사용되지 않아. 간다의 본래 의미는 이곳에서 저곳으로 옮긴다 는 뜻인데, 여기에서는 지금 진행 중이고 곧 끝날 것이라는 뜻으로 사용되었어. 문법적인 역할만 한 것이지."

삼촌은 여기까지 말하고 시계를 보았어요. 약속이 있다는 뜻이지요.

"삼촌, 오늘은 여기까지만 하는 거지?"

아이들도 책가방을 싸기 시작했어요.

주인공의 움직임이나 성질, 상태를 알려 주는 말이 용언이다.
용언에는 동사와 형용사 두 가지가 있다.

용언의 활용

변하는 말?
어떻게 무엇이 변할까?

오늘따라 쌍둥이가 한 시간이나 늦게 연구소를 찾았어요. 물론 삼촌에게 미리 연락은 했지요.

"무슨 일로 늦은 거니?"

"음소가 텔레비전에서 해 주는 영화를 꼭 봐야겠다고 해서 그랬어. 전에 본 영화를 왜 또 보겠다고 우기는지 몰라, 흥!"

"재미있으니까 그러지, 쳇!"

"무슨 영화길래 본 영화를 또 봐?"

"옵티머스 프라임! 삼촌도 그 영화 알아?"

"그럼, 나도 한때는 변신 로봇 팬이었지, 후후."

"음소는 변신 로봇을 모으기도 한다니까. 엄마한테 그렇게 혼나면서도."

계속해서 운소가 입을 삐죽댔어요.

용언의 변신, 활용

"변신 로봇, 좋지. 오늘은 변신하는 말에 대해 알아볼까?"

"변신하는 말? 그게 뭐야?"

음소는 귀가 솔깃했어요. 하지만 운소 말에 금세 좋다가 말았지요.

"뭐긴 뭐야. 저번에 용언이 변하는 말이라고 했잖아. 용언에 대해 공부하는 거겠지."

"하하, 운소한테 들켰군. 맞아. 저번에 용언에 대해서 알아보았지? 용언은 무슨 일을 하느냐에 따라 형태가 달라져. 예를 들어 먹다 라는 동사를 볼까?"

"밥을 먹다/먹고/먹으면/먹어서/먹는, 이런 식으로 변한다 이거지?"

"그렇지. 동사뿐만 아니라 형용사도 형태가 달라지지."

이번에는 운소가 말을 이었어요.

"물이 깊다/깊고/깊으면/깊어서/깊은, 이렇게 변하네."

"좋았어. 용언이 형태가 바뀌는 것을 활용한다고 해. 바뀐 여러 가지 형태들을 활용형이라고 부르는데, 활용형 가운데 '-다'로 끝나는 것을 기본형이라고 하지. 사전에 오르는 형태가 바로 기본형이야."

"그럼 먹고, 먹으면, 먹어서 이런 형태들이 기본형 먹다의 활용형이네."

"기본형 깊다의 활용형은 깊고, 깊으면, 깊어서… 같은 것들이고."

용언의 어간과 어미

밥을 먹다 / 먹고 / 먹으면 / 먹어서 / 먹은
물이 깊다 / 깊고 / 깊으면 / 깊어서 / 깊은

"그렇지. 그런데 용언이 활용한다고 하지만, 용언 전체가 바뀌는 것은 아니야. 활용하더라도 변하지 않는 부분이 있어."

"먹다에서는 먹-이 변하는 않는 부분이야."

"깊다에서는 깊-이 변하지 않는데?"

"그렇지? 먹-이나 깊-처럼 용언이 활용할 때 변하지 않는 말의 줄기 부분을 어간이라고 하고, 변하는 말의 꼬리 부분을 어미라고 해."

"결국 기본형에서 -다를 뺀 것이 어간이라고 보면 되겠네?"

"변하는 부분 -고 / -으면 / -어서 / -은이 어미이고."

"맞았어. 그런데 용언 가운데에는 활용할 때 어간이 변하는 용언도 있어. 어미의 기본 형태가 바뀌는 용언도 있고. 덥다는 덥지 / 더우니 / 더워요처럼 어간 덥-에서 ㅂ이 탈락해 버려. 어간이 변하는 용언인 거지. 푸르다는 푸르고 / 푸르니 / 푸르러 / 푸르러서처럼 어미가 변하는 용언이고, 심지어 파랗다는 파랗고 / 파라니 / 파래서처럼 어간과 어미 둘 다 달라져. 이렇게 활용할 때 어간이나 어미가 달라지는 것을 불규칙 활용이라고 해. 물론 불규칙 활용을 하는 용언은 불규칙 용언이라고 하지."

"역시 예외 없는 법칙은 없군."

음소가 어른처럼 고개를 천천히 끄덕이며 말했어요.

"그럼 어간과 어미가 달라지지 않는 활용은 규칙 활용이라고 하겠네. 규칙 활용을 하는 용언은 규칙 용언이라고 하고."

"역시 음소는 하나를 배우면 둘을 안다니까. 말 나온 김에 규칙 용언의 예를 하나 들어 볼래?"

"검다는 어떤가? 검다/검고/검어서/검으니… 규칙 용언 맞지?"

"응, 맞아. 음소는 그럼 불규칙 용언의 예를 하나 들어 볼까?"

음소는 아무 생각도 안 하는 척 차를 숟가락으로 저었어요. 그러면서 시간을 벌었지요.

"음… 젓다? 젓다/젓고/저으니/저어서. 어간 젓-에서 ㅅ이 탈락하니까 불규칙 활용 맞지? 그러니까 젓다가 불규칙 용언이지."

"오우, 훌륭해!"

삼촌이 엄지척을 해 주었어요.

"음소가 아주 훌륭하게 설명한 것처럼 젓다는 어간의 ㅅ이 탈락하는 불규칙 용언이야. 어간에서 ㅅ이 탈락하는 이런 활용을 ㅅ 불규칙 활용이라고 하지. 짓다도 짓고/지으니/지어서로 활용하니까 ㅅ 불규칙 활용을 하지."

"삼촌, 그럼 듣다는 듣고/들으니/들어서처럼 활용하는데, 이렇게 ㄷ이 ㄹ로 바뀌는 경우는 뭐라고 불러? 듣다가 불규칙 용언인 것 같기

ㅅ·ㄷ·ㅂ·르·우 불규칙 활용

노를 젓다/젓고/저으니/저어서/저었다. (ㅅ 불규칙 활용)

길을 묻다/묻고/물으니/물어서/물었다. (ㄷ 불규칙 활용)

침대에 눕다/눕고/누우니/누워서/누웠다. (ㅂ 불규칙 활용)

물이 흐르다/흐르고/흐르니/흘러서/흘렀다. (르 불규칙 활용)

국을 푸다/푸고/푸니/퍼서/펐다. (우 불규칙 활용)

는 한데……."

"그런 경우도 ㄷ 불규칙 활용이라고 불러. 탈락을 하든 다른 음운으로 바뀌든 상관없어. (몰라서) 묻다도 물어/물으니/물었다로 ㄷ 불규칙 활용을 하지."

"어간에서 탈락하거나 바뀌는 음운으로 이름을 붙였구나. 그럼 눕나는 누워/누우니/누워서로 활용하니까 ㅂ 불규칙 활용을 하네?"

"그렇지. 음운뿐만 아니라 한 음절이 바뀔 때도 있어. 르 불규칙 활용이라는 게 있지."

"르가 어간에 들어간다, 이 말이지?"

"흐르다? 흐르고/흘러/흘렀다, 이렇게 활용하니까 르가 ㄹㄹ로 바뀌었잖아. 그러니까 흐르다가 르 불규칙 활용을 하는군."

운소가 자랑스럽다는 듯이 씩 웃었어요. 음소도 질 수 없겠지요.

"가르다도 있어. 가르고/갈라/갈랐다."

"좋아, 좋아. 내친김에 우 불규칙 용언도 한번 찾아보렴."

이번에도 음소가 나섰어요.

"우가 들어가는 용언이라… 푸다? 푸니/퍼/펐다로 우가 탈락하잖아. 푸다가 우 불규칙 활용을 하는 용언이네."

말의 꼬리, 어미의 다양성

"아주 좋았어. 그럼 이번에는 어미가 변하는 경우를 볼까? 하다를 한번 활용시켜 볼래?"

"하다? 하니/하고/하게/하지… 하다는 규칙 용언인 것 같은데?"

음소의 말을 듣고, 운소가 강력하게 항의했어요.

"아니야, 어간은 안 변하지만, 하여/하여서/하였다로 어미가 변하잖아."

"그렇지? 가다는 가/가서/갔다로 규칙 활용을 해. 그런데 하다는

여·러 불규칙 활용

일을 하다/하고/하면/하여서/하였다. (여 불규칙 활용)

숲이 푸르다/푸르니/푸르면/푸르러/푸르렀다. (러 불규칙 활용)

하/하서/했다가 아니잖아. 그러니까 어미가 변하는 불규칙 활용이야. 어미가 여로 바뀌니까 여 불규칙 활용이라고 한단다."

"새로 바뀌는 어미가 이름이 되는구나."

"맞아. 앞에 나왔던 푸르다도 어미가 변하는 불규칙 용언이지? 어떤 불규칙 활용을 할까?"

"푸르다/푸르니/푸르러/푸르러서. 러로 어미가 바뀌는데?"

"그럼 새로 바뀌는 어미를 따서 러 불규칙 활용?"

"그렇지! 바로 그거야. 역시 똑똑한 내 조카들이여!"

"어간과 어미가 둘 다 바뀌는 경우도 있다며?"

"앞에서 나왔지? 파랗다가 그런 경우인데, ㅎ 불규칙 활용이야. 설명은 앞에서 했으니까 생략. 이제 입 아프다."

"치, 노랗다도 ㅎ 불규칙 활용을 하는 용언이겠네. 노래서/노래도/노라니/노라면."

"하얗다도 마찬가지겠지? 그런데 이거 어떻게 써야 해? 하얘서/하얘도/하야니/하야면, 이렇게 쓰는 게 맞는 건가?"

ㅎ 불규칙 활용

눈이 하얗다/하얘서/하야니/하야면/하얬다. (ㅎ 불규칙 활용)

"어휴, 우리말에는 어미의 종류가 아주 많은 거 같아."

"그게 우리말의 특징이야. 무려 오백 개가 넘는다니까."

"와, 그렇게나 많아?"

"응, 하지만 여러 가지 어미를 알맞은 곳에 잘 사용한다면 우리가 말을 쓰는 힘도 그만큼 커지겠지. 알겠냐?"

"옛!"

쌍둥이가 입을 맞추어 큰 소리로 대답했어요.

용언의 형태가 바뀌는 것을 활용한다고 한다.
어간이나 어미가 달라지는 불규칙 활용,
어간과 어미가 달라지지 않는 규칙 활용이 있다.
바뀐 여러 가지 형태들을 활용형이라고 하며,
그중 '-다'로 끝나는 것을 기본형이라고 한다.

수식언

말을 꾸민다?

"삼촌, 안녕?"

"응, 어서들 와."

쌍둥이가 연구소 문을 열고 들어왔어요. 그런데 운소가 웬일로 머리에 예쁜 리본을 매고 꽃무늬 치마를 입었네요.

"오늘 운소가 예쁘게 꾸몄구나. 무슨 일 있니?"

"예쁘게 꾸미기는 ……. 그냥 평소에 입던 거지."

"피~, 운소 오늘 데이트 있대."

음소가 놀렸지만, 운소는 생글거리기만 했어요.

"오, 그래? 남자 친구 만나기로 했구나."

"남자 친구는 뭐, 그냥 애들끼리 시내에 놀러 가기로 했어."

"좋겠다. 그럼 우리도 오늘 기분 좋게 꾸미는 말에 대해 공부해 볼까?"

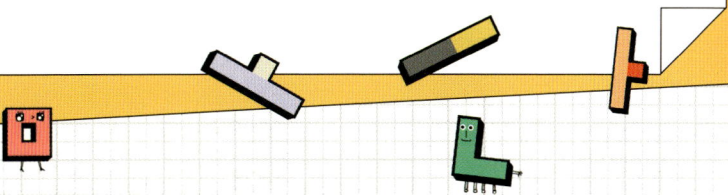

체언을 꾸미는 말, 관형사

"말에도 꾸미는 말이 있어?"

"그럼, 말에도 꾸미는 말이 있고 꾸밈을 받는 말이 있지. 자, 이 문장을 한번 보자."

삼촌이 화이트보드에 문장 하나를 썼어요.

책이 사라졌다.

"이 문장은 무엇으로 이루어져 있지?"

"체언(책)+조사(이)+용언(사라졌다)으로 이루어져 있어."

"맞았어. 하지만 문장이 좀 썰렁하지? 여기에다 꾸미는 말 두 가지를 더해 볼까?"

삼촌이 단어 두 개를 추가해서 적어 넣었어요.

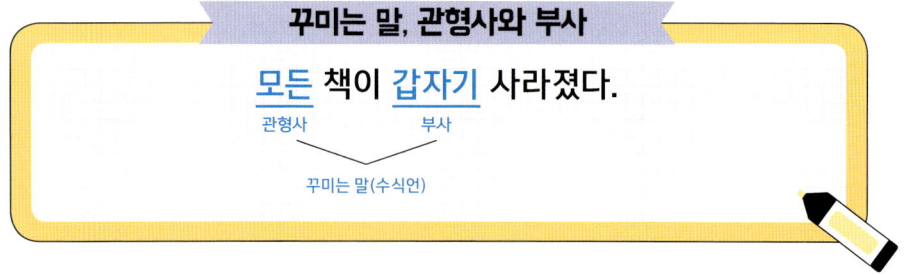

모든 책이 갑자기 사라졌다.

"이렇게 써 놓고 보면 무엇이 무엇을 꾸미는 건지 알겠지?"

"모든이 책을 꾸미고, 갑자기가 사라졌다를 꾸미는 거지?"

"맞았어. 모든, 갑자기가 꾸미는 말이고 책, 사라졌다가 꾸밈을 받는 말이지. 모든처럼 체언을 꾸미는 품사를 관형사라고 하고, 갑자기 처럼 용언을 꾸미는 품사를 부사라고 해. 꾸민다 를 한자어를 사용해서 표현하면 수식한다 라고 하지? 그래서 관형사와 부사를 수식언이라고 해."

"꾸미는 말을 수식언이라고 부르는구나."

"꾸미는 말이 있으니까 책은 책인데 무슨 책인지, 사라지긴 사라졌는데 어떻게 사라졌는지를 더 분명하게 알 수 있네."

"맞아. 그래서 문장에서 수식한다는 것은 체언과 용언의 뜻을 더 분명하게 만들어 준다는 뜻이야."

아이들이 고개를 끄덕끄덕했어요.

"그럼 다른 관형사들의 예를 살펴볼까?"

훈이는 문방구에서 새 공책을 샀다.

"이 문장에서는 관형사가 어떤 것이지?"

"관형사는 체언을 꾸미는 말이니까 체언 앞에 있는 말을 찾으면 되겠네?"

"새? 공책이라는 체언을 수식하는 말이니까 새 겠네."

"맞았어. 새 는 새로운 이라는 뜻인데, 새로운 은 새롭다/새롭고/새로우니 처럼 활용하지만 관형사 새 는 활용하지 않아. 다시 말하면 불변어지. 그리고 뒤에 조사가 붙지도 않고, 독립된 품사이기 때문에 뒤에 오는 체언과 띄어 써야 해. 다음 문장에서는 관형사가 무엇일까?"

그 사람은 마음씨가 착한 사람이다.

"관형사는 체언 앞에 있으니까 그 가 관형사겠네."
"착한도 사람이라는 체언 앞에 있는데? 착한도 관형사인가?"
삼촌이 고개를 저었어요.
"아니야. 착하다/착하고/착하니……."
"아! 활용을 하니까 형용사로구나!"
운소가 말하자, 음소가 고개를 갸우뚱했어요.
"하다가 붙어 있으니까 동사 아니야?"
삼촌이 손을 번쩍 들었어요.
"동사와 형용사를 구분하는 법. 현재 진행 중임을 뜻하는 -ㄴ다/-는다를 붙여 보는 거야. 동사는 움직임을 나타내는 말이니까 현재 진행형이 붙을 수 있지만, 형용사는 한 순간의 성질이나 상태를 나타내니까 붙을 수 없겠지?"

"**착하다**에 **-ㄴ**을 붙이면 **착한다**?"

"말이 안 되는데, 그럼 **착하다**는 형용사네."

"맞았어. 앞에 나온 관형사 **새**는 **새로운**이라는 뜻으로 사물의 성질이나 상태를 가리키는 관형사였지. 이런 관형사로는 **헌** 집, **옛** 마을, **맨** 꼭대기, **순** 살코기에서 쓰인 **헌, 옛, 맨, 순** 같은 관형사가 있어. 그런데 이 문장의 그는 어떤 대상을 가리키는 말이잖아. **이** 책, **그** 사람, **저** 건물, **어느** 나라, **무슨** 뜻에서 사용된 **이, 그, 저, 어느, 무슨**처럼 어떤 대상을 가리키는 관형사도 있어. 그럼 다음 문장에서 쓰인 관형사는?"

책상 위에 연필이 다섯 자루 있어요.

"**자루**라는 체언을 **다섯**이 꾸미니까 **다섯**이 관형사야."

"**위**라는 체언 앞에도 **책상**이라는 단어가 있는데, **책상**도 관형사인가? 이상한데."

"**다섯**은 관형사가 맞아. 하지만 **책상**은 원래 **책상의**에서 조사 **의**가 생략된 거라고 봐야지?"

"아, 관형사에는 조사가 붙을 수 없다고 했지?"

"그래. **세** 사람, **다섯** 자루, **일곱째** 딸에서 **세, 다섯, 일곱째**와 같은 단어들이 관형사야. 관형사는 이처럼 수량이나 순서를 가리키기도 해."

"수량이나 순서를 가리키는 품사는 수사라고 하지 않았어?"

"응, 수사도 수량이나 순서를 나타내지. 그래서 좀 헷갈릴 때도 있는데, 구별하는 방법이 있어. 남자 하나, 여자 둘에서 하나, 둘이 수사인데 홀로 쓰였지? 하지만 관형사는 한 남자, 두 여자처럼 뒤에 반드시 꾸밈을 받는 체언이 와. 그래서 수사는 하나, 둘, 셋, 넷, 다섯이지만, 관형사는 한, 두, 세, 네, 닷/다섯처럼 모양이 조금 달라."

아이들은 공책에 뭔가를 열심히 적었어요.

용언을 꾸미는 말, 부사

"체언을 꾸미는 수식언이 관형사라고 했지? 이제 용언을 수식하는 부사에 대해 알아보자. 자, 다음 문장에서 용언을 수식하는 단어가 무엇무엇일까?"

올해는 눈이 많이 내린다.
요즘은 너무 바빠서 놀 시간이 없어요.
고기가 잘 익었네.

"용언을 수식한다고 했으니까 많이 내린다, 너무 바빠서, 잘 익었네에서 쓰인 많이, 너무, 잘이 부사겠네."

"맞았어. 부사는, 어떻게 내려? 어떻게 바빠? 어떻게 익었어? 등등 어떻게라는 질문에 대한 답이라고 할 수 있지."

"토끼가 깡충깡충 뛰어간다.에서 깡충깡충이 부사겠네?"

"그렇지. 데굴데굴, 울긋불긋, 졸졸, 땡땡 같은 소리나 모양을 흉내 내는 말들은 모두 부사야. 그리고 그리 가지 말고 이리 가자.에서 쓰인 이리, 저리, 그리처럼 특정 대상을 가리키는 부사도 있어. 부사가 용언을 꾸미는 말이라고 했지만, 체언을 꾸밀 때도 있어."

우리나라는 특히 학생들이 부지런하다.
겨우 하나 가지고 뭘 그래?

"이 문장들에서 쓰인 특히, 겨우가 바로 부사야."

"학생들, 하나를 꾸몄으니까. 체언을 꾸민 거구나."

"그럼 바로 너다! 할 때의 바로도 부사겠다, 그치?"

"응, 부사가 문장 전체를 꾸밀 때도 있어. 다행히 다친 사람은 아무도 없었다. 이 문장에서 다행히는 어떤 단어 하나를 꾸민다기보다 문장 전체를 꾸민다고 봐야 하겠지? 실로 한 달 만의 일이었다. 설마 한강에 괴물이 나타날까? 이런 문장에서 실로, 설마도 문장 전체를 꾸미는 부사야. 앞 문장과 뒤 문장을 이어 주는 부사도 있어. 이런 부사를 접속 부사라고 하는데, 사람들은 비를 기다렸다. 그러나 비는 오지 않았다.에서 그러나가 접속 부사지."

"그리고, 그런데, 그러므로 같은 말도 모두 접속 부사겠네."

"용언의 의미를 부정하는 부사도 있어. 나는 안 먹을래. 더는 못 먹겠다.에서 부정의 의미를 나타내는 안, 못이 부사야."

"나는 안을 가끔 않이라고 쓸 때가 있어. 헷갈려."

"쉬운 방법이 있지. 빼도 말이 되면 안을 쓰고 말이 안 되면 않을 쓰면 돼. 안 먹어에서 안을 빼면 먹어. 말이 되잖아. 이럴 때는 안이고, 먹지 않아에서 않을 빼면 먹지 아 말이 안 되지? 이럴 때는 않이야. 어렵지 않지?"

"응, 이제 헷갈릴 일이 없겠어!"

아이들이 환하게 웃었어요.

꾸미는 말을 수식언이라고 한다.
문장에서 수식한다는 것은 체언과 용언의 뜻을
더 분명하게 만들어 준다는 뜻이다.
체언을 꾸미는 품사는 관형사,
용언을 꾸미는 품사는 부사다.

독립언

부르거나 답하거나 놀라거나

"휴, 벌써 시월이 다 갔네!"

운소가 삼촌에게 인사도 없이 한숨부터 쉬었어요.

"어서들 와라. 운소는 무슨 걱정이라도 있니?"

"이달 말까지 독서 감상문 쓰기 숙제를 해야 하는데, 아직 책도 못 정했어."

"너는 맨날 동화책 끼고 살면서 뭘 그러니?"

음소가 운소를 보며 궁금해했어요.

"위인 이야기를 읽고 쓰려고 했는데, 자꾸 동화책만 읽게 돼."

"닥치면 하겠지. 운소 넌 늘 마감 직전에 하는 성격 아니니?"

"그건 그래. 걱정하지 말아야지. 누구 말대로 걱정한다고 걱정이 없어지면 걱정이 없게?"

"하하, 우리 운소, 역시 씩씩해."

독립적으로 쓰이는 감탄사

"그건 그렇고, 아까 '휴' 하고 한숨을 쉬었잖아. 휴의 품사는 뭘까?"

"글쎄, 뭔가의 이름이 아니니까 체언도 아니고, 변하는 것도 아니니까 용언도 아니고……."

"휴는 언제 쓰는 말이지?"

"걱정스러운 느낌을 표현할 때?"

"그렇지? 그러니까 아, 아이고, 오, 아차, 어이구처럼 말하는 사람의 느낌을 직접 나타내는 품사를 감탄사라고 해."

"감탄할 때만 쓰는 말은 아닌 것 같은데……."

"응, 어떤 느낌이든 상관없지. 그리고 여보, 우리 아이도 이제 다 컸어요. 야, 너 어디 있니?에서 여보, 야처럼 부르는 말이나 응, 나 여기 있어. 네, 지금 갈게요.에서 응, 네처럼 대답하는 말도 감탄사에 들어가. 야, 오늘부터 방학이다! 하는 문장에서처럼 야와 같은 감탄사는 문장 속의 다른 말에 별로 얽매이지 않고 독립적으로 쓰여. 그래서 감탄사는 독립언에 속하고 거꾸로 독립언에는 감탄사 하나밖에 없어."

"그래서 감탄사 뒤에는 쉼표를 치는 건가 보네."

"부르는 말이 감탄사라면 다인아, 놀자. 할 때 다인아도 감탄사야?"

"다인아도 부르는 말이고 독립된 말이지만, 다인아는 다인이라는 명사에 조사 아가 붙어서 만들어진 말이잖아. 이런 경우는 감탄사라고 하지 않아. 형태가 같은 말이라도 문장 속에서 하는 일에 따라 품사가 달라지기도 해. 가만 생각해 보니 내가 잘못한 거 같아.에서는 가만이 생각해 보니를 꾸미지?"

"그럼 가만은 부사네."

"맞아. 하지만 가만, 저게 무슨 소리지? 할 때는 감탄사가 되는 거야. 그리고 감탄사는 독립언이기 때문에 감탄사 하나로도 문장 하나가 될 수도 있어."

"아하!"

음소가 말하자, 운소가 음소를 빤히 바라보았어요.

"아하, 뭐?"

"아하라는 감탄사 하나로 문장 하나를 만들어 봤어. 그렇구나. 잘 알겠어. 뭐 이런 뜻이지."

운소가 입을 삐죽거리고 삼촌은 하하, 웃었어요.

> 감탄사는 문장 속의 다른 말에 얽매이지 않고
> 독립적으로 쓰인다. 그래서 감탄사는
> 독립언에 속하고,
> 독립언에는 감탄사 하나밖에 없다.

맛있는 우리말 문법 공부

▶▶ 문장

문장 성분

"불이야?"가 문장일까?

"삼촌, 안녕?"

"어서들 오너라."

그런데 운소가 인사는 하지 않고 과자 봉지를 열심히 들여다보고 있어요. 음소가 한마디 했어요.

"아이참, 그냥 대충 먹어!"

삼촌이 궁금해했어요.

"뭘 그리 열심히 보고 있니?"

"영양 성분표 보고 있어. 다이어트 중이라서 말이야."

"그럼 안 먹으면 되잖아."

음소가 핀잔을 주자, 운소가 도끼눈을 떴어요.

"영양 성분까지 따지다니, 대단한걸. 우리가 살아가는 데 필요한 에너지나 우리 몸을 이루는 영양 성분처럼 문장을 만들 때도 꼭 있어야 할 성분, 즉 문장 성분이 있어."

주어와 서술어로 이루어지는 문장

"먼저, 문장이란 무엇인지 생각해 보자. 문장을 사전에서 찾아보면 "**생각이나 감정을 말과 글로 표현할 때 완결된 내용을 나타내는 최소의 단위**"라고 나와 있어. 여기에서 중요한 것은 '완결된 내용'이라는 거야. 예를 들어 **나는**이라고만 해 봐."

"나는 무엇이다, 나는 어찌한다는 내용이 없어서 무슨 말인지 모르겠어."

"**본다** 라고 하면 어떨까?"

"여전히 궁금해. 누가 무엇을 본다는 걸까?"

"그렇지? 그래서 **나는, 본다** 이것만 가지고는 문장이라고 할 수 없어. 완결된 내용을 나타내야 문장이라고 할 수 있지."

"완결된 내용을 나타내려면 나는 어찌하는 건지, 누가 무엇을 본다는 건지, 이런 내용이 들어가야겠네."

"그렇지. 우리말 문장은 결국 '**무엇이 어찌한다, 무엇이 어떠하다, 무엇이 무엇이다**' 이렇게 세 가지 형식을 띠어. 여기에서 '**무엇이**'에 해당하는 부분을 **주어**라고 하고, '**어찌한다/어떠하다/무엇이다**'에 해당하는 부분을 **서술어**라고 해. 완전한 문장이 되려면 주어와 서술어가 적어도 하나씩은 있어야 하는 거지. 다음 문장들에서 주어와 서술어를 찾아보자."

새가 날아간다.

꽃이 예쁘다.
그는 학생이다.

"주어는 무엇이에 해당하는 부분이라고 했으니까 새가, 꽃이, 그는이 주어네."

"서술어는 어찌한다/어떠하다/무엇이다에 해당하는 부분이라고 했으니까 날아간다, 예쁘다, 학생이다가 서술어겠네."

"맞았어. 다시 말해 주어란 문장의 주인공이고, 주어 '무엇이'의 움직임이나 성질, 상태를 풀이하는 것이 서술어인 거지. 주어는 대개 새가나 꽃이처럼 체언+주격 조사로 이루어져. 그런데 가끔 주격 조사가 생략될 수도 있고 보조사가 붙을 수도 있어. 다음 문장들을 한번 보자."

너, 어디 기니?
영희도 집에 간다.

"여기에서 주어가 뭐지?"

"문장의 주인공이니까 너, 영희도이지."

"그런데 너 다음에는 주격 조사가 생략되었고 영희 뒤에는 주격 조사가 대신 보조사 도가 붙었구나."

"그렇지? 때로는 주어가 생략될 수도 있어. 오늘 날씨가 어때?라는 질문에 좋아!라고 대답했다면 좋아에는 주어가 없지만 이것도 문장이라고 할 수 있어. 문맥으로 보아 주어를 짐작할 수 있기 때문이지."

"그럼 불이야!도 문장이라고 할 수 있겠네?"

"그렇지. 주어가 없는 문장이긴 하지만 그것만으로도 완결된 내용을 표현하고 있기 때문이야."

"그렇구나."

"후후, 그렇구나.도 하나의 문장이겠다. 커다란 소가 풀을 뜯는다.라는 문장을 살펴보자. 이 문장은 띄어쓰기가 몇 번 되어 있지?"

"세 번 되어 있어."

"그렇지? 그래서 모두 네 마디로 이루어진 문장이야. 이렇게 띄어쓰기를 기준으로 해서 문장을 이루고 있는 각각의 마디를 어절이라고 한다는 것, 알고 있지? 그런데 이 문장을 잘 살펴보면 어떤 어절끼리는 다른 어절보다 더 관계가 깊은 어절이 있어. 관계가 깊은 어절끼리 묶으면 어떻게 될까?"

"커다란 소가와 풀을 뜯는다 이렇게 묶을 수 있을 거 같아."

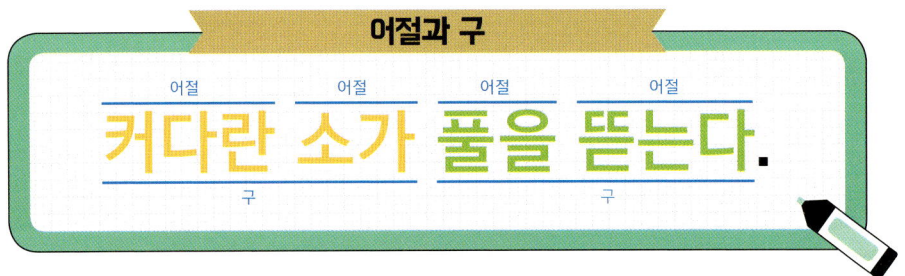

"맞았어. 커다란 소가와 풀을 뜯는다는 각각 두 개의 어절로 이루어져 있지만, 마치 한 단어처럼 쓰였어. 이렇게 두 개 이상 되는 어절이 모여 한 단어처럼 쓰이는 것을 구라고 해. 구는 완전한 문장이 아니기 때문에 주어와 서술어를 갖추고 있지 않아. 주어나 서술어 하나씩만 있는 것처럼 보이지? 저 코스모스가 아주 아름답다.라는 문장도 한번 보자. 몇 개의 어절로 이루어져 있지?"

"띄어쓰기가 세 번 되어 있고 어절은 네 개네."

"좋아. 그럼 구로 나누어 볼래?"

"저 코스모스가가 하나의 구이고."

"아주 아름답다가 또 하나의 구이지."

"좋았어. 그럼 이 문장의 주어는 뭐고 서술어는 뭐지?"

"무엇이? 코스모스가. 어떠하다? 아름답다. 그러니까 주어는 코스모스가이고 서술어는 아름답다이겠군."

"맞았어. 이제 어절과 구가 무엇인지, 주어와 서술어가 무엇인지 알겠지? 그럼 이런 문장은 어떨까?"

주어와 서술어

저 코스모스가 아주 아름답다.
　　　주어　　　　　　서술어

어절과 구, 그리고 절

| 어절 | 어절 | 어절 | 어절 | 어절 | 어절 | 어절 |

커다란 소는 얼굴이 하얀 사람을 빤히 보았다.
　구　　　　　　　절　　　　　　　구

커다란 소는 얼굴이 하얀 사람을 빤히 보았다.

"어절은 일곱 개이고 구는 커다란 소는, 얼굴이 하얀 사람을, 빤히 보았다 세 개인 것 같은데······."

"그런데 이상해. 얼굴이도 주어이고, 하얀도 서술어 아니야? 구는 주어와 서술어를 갖추고 있지 않다고 했는데······."

"잘 보았어. 얼굴이 하얀은 얼굴이라는 주어와 하얀이라는 서술어가 들어 있지. 그래서 이것도 문장이지만, 전체 문장의 일부분으로 쓰였어. 이처럼 주어와 서술어를 모두 갖춘 완전한 문장이면서 마치 한 단어처럼 문장의 일부로 쓰이는 문장을 절이라고 해."

"절도 구와 마찬가지로 어절이 두 개 이상 모여서 이루어지는구나."

"그런데 그 안에 주어와 서술어를 갖추고 있어. 문장의 일부로 사용되고."

"맞았어. 이제 정리를 해 보자. 문장은 무엇으로 이루어지지?"

"어절과 구, 절로 이루어지네."

문장의 뼈대를 이루는 주성분

"그렇지. 이 어절과 구, 절이 문장 속에서 여러 가지 일을 할 때 이들을 문장을 이루는 성분, 즉 문장 성분이라고 불러. 하늘이 푸르다. 이 문장은 주어와 서술어로 이루어진 완전한 문장이지. 하늘이만 가지고는 문장이 안 되며, 푸르다만 갖고도 문장이 안 돼. 그래서 주어와 서술어는 문장을 이루는 데 꼭 필요한 성분이고, 이런 성분을 주성분이라고 불러."

"주어와 서술어가 하나씩은 있어야 한다고 했으니까 꼭 필요한 성분이겠네."

"그렇지. 아이들이 공을 찬다.라는 문장은 어떨까? 주어와 서술어만 봐 볼까?"

"아이들이 찬다? 무엇을?"

"완전한 문장이 되려면 무엇을이 있어야 하겠지? 이처럼 무엇을에 해당하는 문장 성분을 목적어라고 해."

"그럼 목적어도 주성분이겠네?"

문장의 주성분

아이들이, 새 **공을** 힘차게 **찬다**.
　주어　　　　목적어　　　서술어

삼촌이 말없이 고개를 끄덕거렸어요. 설명할 것이 아직 더 남았다는 뜻이겠지요.

"목적어는 공을처럼 체언+목적격 조사(을/를)로 이루어지는데, 목적격 조사 또한 생략될 때가 있어. 밥 먹었니? 나는 점심으로 국수 먹었어. 이런 문장에는 목적격 조사가 없잖아."

"원래는 밥을, 국수를이라고 써야 하는데, 목적격 조사 을/를이 생략되었구나."

"자, 이제 보어에 대해 알아보자. 문장 속에서 되다와 아니다 앞에 오는 말을 보어라고 해. 말 그대로 보충하는 말이란 뜻이지. 아이가 어른이 된다, 거미는 곤충이 아니다 라는 문장을 보자."

"된다 앞에 있는 어른이와 아니다 앞에 오는 곤충이가 보어라는 거지?"

"그렇지. 여기에서 주어와 서술어만 남기면 어떻게 되지?"

"아이가 된다? 거미는 아니다? 이것도 몹시 궁금한 문장이네. 무엇이 되고 무엇이 아닌 건지를 알려 주는 말이 있어야 할 것 같아."

"그렇지? 무엇이에 해당하는 문장 성분이 바로 보어야."

"보어도 문장에서 꼭 있어야 하는 주성분이로군."

"맞아. 그러니까 주성분에는 앞에서 말했듯이 주어, 서술어, 목적어, 보어가 있지."

주성분을 꾸며 주는 부속 성분

"주성분이 꼭 필요한 성분이라면 없어도 되는 성분도 있어?"

"주성분은 문장의 뼈대를 이루는 성분들이야. 이 주성분을 꾸며 주는 성분들이 있는데, 부속 성분이라고 불러. 아이들이 새 공을 힘차게 찬다.라는 문장에서 새는 공이라는 체언을 꾸미지? 이렇게 체언을 꾸며 주는 문장 성분을 관형어라고 해."

"체언을 꾸미는 품사는 관형사라고 했는데……."

"맞아. 품사는 명사, 동사, 조사, 부사, 관형사… 등등 –사 자로 끝나고 문장 성분은 주어, 서술어, 목적어, 보어, 관형어… 등등 –어 자로 끝나."

"아하, 그럼 같은 단어 새라도 품사를 물어볼 때는 관형사라고 대답하고, 문장 성분을 물어볼 때는 관형어라고 대답해야 하는구나."

"관형어가 체언을 꾸미는 방법에는 여러 가지가 있어. 새처럼 관형사가 바로 관형어가 될 수도 있지만, 체언+관형격 조사(의)의 형식으로 꾸

문장 성분

주성분: 주어, 서술어, 목적어, 보어
부속 성분: 관형어, 부사어
독립 성분: 독립어

미는 경우도 있어. 엄마의 목소리는 늘 다정했다.라는 문장에서는 관형어가 뭐지?"

"목소리라는 체언을 꾸미는 엄마의가 관형어겠지."

"맞았어. 이럴 때 쓰이는 관형격 조사 의는 생략될 때도 많아."

"그렇겠네. 엄마의 목소리라고 하지 않고 엄마 목소리라고 해도 되니까. 생략하니까 더 자연스러운걸."

"똑똑해요. 체언을 꾸미는 문장 성분이 있으니까 당연히 용언을 꾸미는 문장 성분도 있겠지?"

"용언을 꾸미는 품사는 부사니까 용언을 꾸미는 문장 성분은 부사어라고 부르겠네?"

"공을 차긴 차는데, 어떻게 차지? 힘차게 차니까 힘차게가 부사어겠군."

"맞았어. 그런데 이 문장에서 새와 힘차게를 빼 버리면 어떻게 될까?"

"아이들이 공을 찬다. 어? 그래도 말이 되는데?"

"아, 그러니까 관형어와 부사어는 생략해도 되는 부속 성분이다, 이 말이군."

"부사어가 용언을 꾸민다고 했지만, 때로는 관형어나 다른 부사어를 꾸밀 때도 있어. 다음 문장들에서 부사어를 한번 찾아보자."

코스모스가 참 예쁘다.

그는 아주 새 사람이 되었다.

연이 매우 높이 날고 있어요.

"참, 아주, 매우가 부사어인 것 같은데."
"참은 예쁘다는 용언을 꾸미고 있고, 아주는 새라는 관형어를 꾸미고 있고, 매우는 높이라는 부사어를 꾸미고 있구나."
"때로는 문장 자체를 꾸밀 때도 있어. 다음 문장들을 보자."

반드시 오늘은 우리가 이겨야 한다.
아마 지금쯤 부산에 도착했을 거야.
다행히 날씨가 몹시 따뜻했어요.
그러나 일은 뜻대로 되지 않았다.

"반드시, 아마, 다행히, 그러나가 부사어시?"
"응, 그런데 부사어가 어떤 한 가지 성분을 꾸민다기보다 문장 전체를 꾸미는 것 같지? 부사어가 부속 성분이긴 하지만, 가끔 생략해서는 안 되는 부사어도 있어. 아영이는 중학교에 다닌다.라는 문장을 보자. 이 문장에서 부사어는 어떤 거지?"
"다닌다는 용언을 꾸미는 말은 중학교에 니까 중학교에 가 부사어지?"
"응? 그런데 중학교에를 빼 버리면 아영이는 다닌다, 문장이 뭔가 부족한데."

"그렇지? 이처럼 다니다라는 용언에는 부사어가 꼭 있어야 해. 이런 부사를 필수적 부사어라고 하지. 다르다와 받다도 필수적 부사어가 있어야 하는 용언들이야."

"그런가? 한번 해 봐야지. 남자는 여자와 다르다.에서 여자와를 빼면 남자는 다르다, 문장이 안 되는구나."

"나는 아영이에게서 책을 받았다.에서 부사어 아영이에게서를 빼면 나는 책을 받았다, 뭔가 궁금해지는 문장이 되는구나."

"그렇지? 부사어는 주성분이 아니긴 하지만 필수적 부사어는 문장에서 꼭 있어야 해. 마지막으로 다른 문장 성분들과는 딱히 관계가 별로 없는 문장 성분이 있어. 아니, 철이가 벌써 중학생이 되었구나!라는 문장에서 아니는 다른 문장 성분들과는 별 관계 없이 독립적으로 쓰였지. 이런 문장 성분을 독립 성분이라고 해."

"감탄사가 독립 성분이겠네."

"감탄사뿐만 아니라, 철아, 네가 중학생이 되었구나.에서 철아처럼 부르는 말, 그러나, 그리고 같은 문장 접속 부사도 독립 성분을 이루는 독

독립 성분

아니, 철이가 벌써 중학생이 되었구나!
철아, 네가 중학생이 되었구나.

립어란다. 자, 이제 문장 성분에 대해서 알아보았으니까 이런 문장 성분들이 어떻게 문장을 구성하는지 문장의 짜임새에 대해서도 알아봐야지?"

"다음에 한다는 뜻이지?"

아이들이 동시에 하품을 하면서 가방에 공책과 필통을 집어넣었어요.

> 어절과 구, 절이 문장 속에서 여러 가지 일을 할 때 이들을 문장 성분이라고 부른다. 문장 성분은 주성분, 부속 성분, 독립 성분으로 구분된다.

문장의 짜임새

문장은 어떻게
짜여 있나?

"삼촌, 우리 왔어."

그런데 어째 윤소가 힘이 없네요.

"윤소, 무슨 일 있니?"

음소가 윤소 눈치를 보면서 말했어요.

"독서 감상문 숙제 잘 못 했다고 선생님께 한마디 들었나 봐."

삼촌이 달콤한 초코 우유 두 잔을 쌍둥이 앞에 내놓았어요.

"그랬구나. 자, 기분 안 좋을 때는 달콤한 것이 최고지. 이것 마시고 힘 좀 내. 그런데 선생님께서 뭐라고 하셨어?"

"응, 글에 짜임새가 없어서 글쓴이의 생각이 독자에게 잘 전달되지 않는대."

"급하게 쓴 티가 났나 보다, 그치?"

윤소가 고개를 끄덕거리더니 초코 우유를 쭉 들이켰어요.

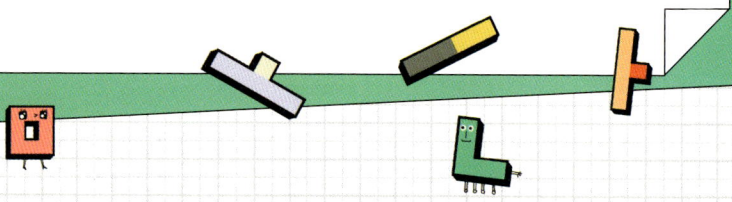

홑문장과 겹문장

"글에도 짜임새가 있듯이 문장 하나에도 짜임새가 있지. 그리고 글에서 짜임새가 중요하듯이 문장 하나에서도 짜임새가 중요해. 그래야 좋은 문장이라고 할 수 있어. 먼저, 문장이란 무엇인지 기억을 더듬어 볼까?"

"문장이란 '생각이나 감정을 말과 글로 표현할 때 완결된 내용을 나타내는 최소의 단위'이지. 물론 내가 한 말이 아니라 사전에 그렇게 나와 있어."

음소가 운소를 달래려는 듯 재치를 부려서 말했어요. 삼촌이 음소의 마음을 알고 씩 웃었어요.

"좋아. 여기에서 중요한 것은 완결된 내용이라고 했지? 완결된 내용을 담은 완전한 문장은 어때야 하지?"

"주어와 서술어가 적어도 하나씩은 있어야 하지."

운소가 씩씩하게 대답했어요.

"맞았어. 한 문장 안에는 주어와 서술어가 한 번 나타날 수도 있고, 두 번 이상 나타날 수도 있어. **주어와 서술어가 한 번 나타나는 문장**을 **홑문장**이라고 해. 절이 아닌 다른 문장 성분이 아무리 많이 나타난다 하더라도 그 문장은 홑문장이야. 다음 문장들은 모두 홑문장이지."

꽃이 예쁘다.

이웃집에서는 오늘 돌잔치가 열린다.
야, 우리 집 정원에 드디어 장미꽃이 피었어.

"주어와 서술어를 갖추지 않은 관형어나 부사어가 많이 있어도 홑문장이다, 이거지?"
"독립어도 아무 상관이 없고?"
"그렇지. 주어와 서술어가 두 번 이상 나타나는 문장은 겹문장이라고 불러. 다음은 겹문장의 예들이야."

이것은 연필이고, 저것은 지우개다.
이 안개만 걷히면 비행기가 출발합니다.

"주어가 이것은, 저것은 두 개이고, 서술어가 연필이고, 지우개다 두 개, 주어와 서술어가 각각 두 개씩 나타났구나."
"두 번째 문장에서도 주어가 안개만, 비행기가 두 개이고, 서술어가 걷히면, 출발합니다 두 개야."
"이렇게 홑문장 두 개 이상이 '-(이)고, -면'과 같은 어미로 이어져서 만들어지는 겹문장을 이어진문장이라고 해. 그런데 겹문장에서 주어가 같거나 서술어가 같으면 동일한 주어나 서술어가 생략될 수도 있어. 가령 꽃이 예쁘다.라는 문장과 꽃이 피었다.라는 문장을 합하면 어떻게 될까?"

"꽃이 예쁘고 꽃이 피었다."

"에이, 그럼 문장이 어색하잖아. 같은 주어 꽃이 하나를 생략하고 예쁜 꽃이 피었다.라고 해야 하지 않을까?"

"그렇지? 여기에서 그럼 예쁜은 주어가 생략된 홑문장이라고 해야겠지? 하지만 문장 안에 있으니까?"

"아, 절이로구나."

"그래, 맞아. 홑문장이 다른 문장 속의 문장 성분이 된 거지. 이렇게 절을 포함하고 있는 문장을 안은문장이라고 불러."

"홑문장인 절을 안고 있다는 뜻이구나."

다섯 가지 절의 종류

"그럼 안기는 절은 안긴문장이라고 해?"

"그렇지! 이런 문장 이름을 만든 학자도 음소처럼 재치 있는 사람이었나 보다. 안긴문장인 절은 하는 일에 따라 다섯 가지 종류로 나눌 수 있어. 첫 번째, 명사절. 명사처럼 일하니까 명사절이라고 불러. 다음 문장들에서 밑줄 친 부분이 명사절이야."

그 일은 하기가 어렵다.
채원은 자기가 속았음을 깨달았다.

"-기, -(으)ㅁ이 붙어서 만들어지는구나."
"정말 명사처럼 가가 붙으니까 주어가 되고, 을이 붙으니까 목적어가 되네."
"문장 속에서 관형어처럼 쓰이는 절은 관형절이라고 해."

이 책은 내가 읽은/읽는/읽을/읽던 책이야.

"관형어처럼 책이라는 체언을 꾸미는 절이네."
"과거, 현재, 미래 등을 나타내는구나."
"부사어처럼 일하는 절은 부사절이라고 해."

고양이가 소리도 없이 내게 다가왔다.
장미가 아름답게 피어 있다.
경호는 이마에 땀이 나도록 뛰었다.
길이 비가 와서 질다.

"부사어처럼 용언을 꾸미네."

"-이, -게, -도록, -어서 등이 붙어서 부사절을 만드는구나."
"문장 속에서 서술어처럼 쓰이는 절은 서술절이라고 불러."

코끼리는 코가 길다.
정아가 얼굴이 크다.

"코끼리는이 주어이고, 코가 길다가 서술어라는 거지?"
"응. 그리고 다른 사람의 말을 그대로 따와 안긴문장으로 쓰기도 해. 인용절이라고 하지."

효리가 "나는 그만 집에 갈래."라고 정아에게 말했다.
효리가 자기는 그만 집에 가겠다고 정아에게 말했다.

"주어진 말을 직접 인용할 때는 라고를 쓰고, 간접 인용할 때는 고를 쓰는구나."
"맞아. 라고 대신 하고를 쓰기도 하지. 효리는 '이제 됐어.' 하고 말했다. 이럴 때 쓰는 하고는 조사가 아니라 동사이기 때문에 반드시 앞말과 띄어 써야 해. 안은문장에 대해서 알아봤으니까 이제는 이어진문장에 대해서도 알아보자. 앞에서 홑문장 두 개 이상이 -(이)고, -면과 같은 어미로 이어져서 만들어지는 겹문장을 이어진문장이라고 했어. 그런데 이어진문장에는 두 가지 종류가 있지. 다음 문장을 한번 볼까?"

서연이는 도서관에 가고, 영하는 극장에 갔다.

"서연이는 도서관에 갔다.라는 홑문장과 영하는 극장에 갔다.라는 홑문장 두 개가 이어졌네."
"두 문장이 –고라는 어미로 이어져서 만들어진 이어진문장이야."
"맞았어. 그럼 홑문장 두 개, 아니, 문장 속에서 쓰였으니까 절이라고 해야겠지? 앞뒤 절을 서로 비교해 보자. 둘 사이에는 무슨 관계가 있을까? 달리 말하면 어느 쪽이 주인이라고 할 수 있을까?"
"별 관계가 없는 것 같은데……."
"그냥 두 가지 사실을 늘어놓은 거 아니야?"
"그렇지? 이렇게 의미로 보아 서로 관계가 없이 독립적인 홑문장들로 이루어진 이어진문장을 대등하게 이어진문장이라고 해. 대등하다는 것은 '서로 견주어 높고 낮음이나 낫고 못함이 없다'는 뜻이지. 다음 문장들도 대등하게 이어진 문장들이야."

눈이 내리지만, 날씨가 춥지는 않다.
도서관에 가든지, 공원에 가든지 빨리 정하자.

"서로 대조를 하거나 둘 중의 하나를 선택하거나 하는 문장도 대등하게 이어진 문장이구나."

"-지만, -든지라는 어미로 이어져 있어."

"맞았어. 이번에는 다른 문장을 한번 보자."

바람이 불어서 꽃이 떨어졌다.

"바람이 불었다.라는 홑문장과 꽃이 떨어졌다.라는 홑문장 두 개가 이어진 문장이네."

"두 문장이 -어서라는 어미로 이어져서 만들어진 문장이야."

"이번에는 앞뒤 절 사이의 관계가 어떤 것 같니? 서로 독립적인 것 같니?"

"아니, 꽃이 떨어졌다는 말을 더 하고 싶은 거 같은데……."

"내 생각에는 그 반대야. 꽃이 떨어진 것은 바람이 불었기 때문이잖아. 앞 절이 뒤 절의 원인이라고."

"응, 둘 다 일리 있는 말이야. 어쨌든 두 절 사이의 의미 관계가 독립적이지 않고, 앞뒤 절 사이에 특별한 의미 관계가 있는 문장 같지? 이런 이어진문장을 종속적으로 이어진 문장이라고 해. '종속'이란 주어와 서술어, 꾸미는 말과 꾸밈을 받는 말, 원인과 결과 같은 관계를 말하는 거야. 다음 문장들도 종속적으로 이어진 문장들이야."

봄이 되면 꽃이 핀다. (조건)

과일을 사러 시장에 갔다. (목적)

나는 학교에 가려고 집을 나섰다. (의도)

"앞 절이 뒤 절의 원인이 될 뿐만 아니라 조건, 목적, 의도, 아주 다양하구나."

"응, 우리말에는 대등하게 이어 주는 어미보다 종속적으로 이어 주는 어미가 훨씬 더 많아. 그만큼 다양한 의미로 앞뒤 절을 이어 줄 수 있지."

"대등하게 이어진 문장보다 종속적으로 이어진 문장이 훨씬 더 많다는 뜻이네."

"그런데 어떤 이어진문장이 대등하게 이어진 문장인지, 아니면 종속적으로 이어진 문장인지 구별하기가 쉽지 않을 거 같아."

"두 가지 이어진문장을 구별하는 방법이 있지. 대등하게 이어진 문장은 앞뒤 절의 의미가 서로 독립적이잖아. 그래서 앞뒤 절의 순서를 바꾸어도 의미에 차이가 없어. 그런데 종속적으로 이어진 문장에서는 앞뒤 절의 순서를 바꾸면 의미가 달라져 버려. 대등하게 이어진 문장인 **수영이가 가고, 유리가 온다.**라는 문장과 종속적으로 이어진 문장인 **비가 와서 우리는 소풍을 연기했다.**라는 문장에서 앞뒤 절의 순서를 바꾸어 보자."

"**유리가 오고, 수영이가 간다.** 정말 뜻에 차이가 없네."

"우리는 소풍을 연기해서 비가 왔다. 이번에는 말도 안 되는 문장이 되는구나."

"그렇지. 두 이어진 문장을 구별하는 또 한 가지 방법은 앞 절을 뒤 절 속으로 이동해 보는 거야. 종속적으로 이어진 문장에서는 이동해도 상관없지만, 대등하게 이어진 문장에서는 이동할 수 없어."

"우리는 비가 와서 소풍을 연기했다. 이건 말이 되는데? 그럼 수영이가 유리가 오고 간다. 이건 문장이 안 되는구나."

"이제 헷갈리지 않겠지?"

"응, 그런데 절의 순서를 바꾸니까 뜻에는 변화가 없을지 모르지만, 문장이 주는 느낌이 달라지는 것 같아. 글의 짜임새가 좋아지려면 먼저 문장 하나하나의 짜임새가 좋아야 할 것 같아."

운소의 말에 음소도 삼촌도 고개를 끄덕끄덕했어요.

주어와 서술어가 한 번 나타나는 문장을 홑문장,
주어와 서술어가 두 번 이상 나타나는 문장을
겹문장이라고 한다.

종결 표현

우리말은 끝까지 들어 봐야 알아

연구소 문이 열렸어요. 삼촌이 문 쪽을 보는데, 운소 목소리가 들렸어요. 전화 통화를 하고 있네요.

"그래서? 그래서 어쩌라고? 아이, 말을 끝까지 해야 알지."

이렇게 말하고 운소는 전화를 끊어 버렸어요. 앞서 오던 음소가 놀라서 운소 쪽을 돌아보았어요. 삼촌이 물었어요.

"무슨 전화인데 그렇게 받니?"

"우리 반 남자아이인데, 전화해 놓고 말을 안 하잖아. '나, 있잖아, 어제, 너, 보고…….' 이렇게 끝까지 말을 안 하니까 답답해. 무슨 말을 하려는 건지 알 수가 있어야지."

"너한테 말하기가 부끄러워서 그런 거 아니야? 너하고 사귀고 싶은가 보다."

음소가 운소를 놀렸어요. 삼촌도 실실 웃었어요.

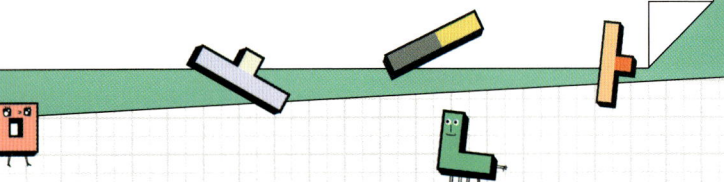

중요한 정보는 뒤에 온다?

"내 생각에도 그런 거 같은데?"

"어쨌든 우리말은 끝까지 들어 봐야 안다니까."

"맞아. 우리말 문장에서 중요한 정보는 맨 뒤에 오지. 왜 그럴까? 맨 뒤에 오는 문장 성분이 뭔데?"

"우리말 문장에서 맨 뒤에 오는 문장 성분은 서술어지. 예를 들어 나는 사과를…까지만 있고 서술어가 없으면 사과를 먹었다는 건지, 사과를 샀다는 건지 알 수가 없잖아. 서술어가 있어야 말하는 사람이 무슨 말을 하려고 하는지 알 수 있어."

"맞아. 서술어의 내용뿐만 아니라 문장을 어떻게 끝내는지 종결 표현에 따라 문장의 의미가 달라지니까 우리말에서는 종결 표현이 아주 중요한 문법 요소 중 하나라는 거야."

"문법 요소? 그게 뭐야?"

운소가 궁금해했어요. 음소도 귀를 쫑긋하며 삼촌 입을 바라보았어요.

"문장은 여러 가지 재료들, 곧 조사나 어미, 단어 등이 모여서 이루어지잖아. 이것들이 문장 속에서 여러 가지 기능을 하는데, 이 기능을 크게 몇 가지로 묶어 놓은 것을 문법 요소라고 한단다. 문법 요소에는 여러 가지가 있지만, 우리말에서는 종결 표현, 높임 표현, 시간 표현, 피동 표현, 사동 표현, 부정 표현이 대표적인 문법 요소들이야."

"종결 표현을 통해서 문장의 의미가 달라진다고 했잖아?"

"서술어는 기능에 따라 각각 다른 어미가 붙지? 종결 표현에 붙는 종결 어미가 무엇이냐에 따라 말하는 사람이 사과를 샀다는 건지, 사과를 사라는 건지, 사과를 살 거냐고 묻는 건지도 알 수 있어. 종결 표현에 붙는 어미가 무엇이냐에 따라 우리말 문장은 평서문, 의문문, 명령문, 청유문, 감탄문, 이렇게 다섯 가지로 나누어져."

"아, 나는 사과를 샀다. 이렇게 -다로 끝나는 문장이 평서문이겠다."

"맞아. 자기가 하고 싶은 말을 단순히 전달하는 문장이 평서문이야. -다 말고도 나는 사과를 샀어/샀지/샀네/사마 등 여러 가지 종결 어미가 쓰이지."

"어미에 따라 느낌이 조금씩 다르네."

"듣는 사람이 누구냐에 따라서도 다른 어미가 붙는구나. 샀어/샀어요/샀습니다."

대답을 요구하는 의문문

"의문문이 무엇인지는 알고 있지?"

"당신은 누구십니까? 처럼 끝에 물음표가 붙는 문장 아니야?"

"하하, 물음표가 붙어서 의문문이 아니라, 정확히는 의문문이기 때문에 물음표를 붙이는 거지. 어쨌든 의문문은 음소가 예를 든 문장처럼 말하는 사람이 듣는 사람에게 대답을 요구하는 문장을 말해. 그런데 의문문은 어떤 대답을 요구하느냐에 따라 몇 가지로 나눌 수 있어. 먼저, 이런 의문문은 어떤 대답을 요구할까? 이 식물의 특성은 무엇인가요?"

"식물의 특성이 무엇인지 설명해 달라는 거잖아?"

"그렇지? 이렇게 일정한 설명을 요구하는 의문문을 설명 의문문이라고 해. 그리고 예, 아니요로 간단히 대답할 수 있는 의문문도 있어. 판정 의문문이라고 하지."

"아, 그건 알겠다. 당신은 학생입니까? 이런 의문문 말이지?"

"맞았어. 이런 의문문도 있어. 내가 그런 걸 모르겠어? 이때, 듣는 사람은 어떻게 대답해야 할까?"

"굳이 대답할 필요가 없을 거 같은데."

"자기도 그 정도는 알고 있다는 뜻으로 한 말인 것 같아."

"맞아. 이런 의문문을 수사 의문문이라고 해. 나도 그런 것쯤은 알아.라고 평서문으로 말해도 되는 것을 강조하기 위해 의문문을 사용한 거겠지? 나도 1등을 하면 얼마나 좋을까? 같은 문장도 의문문처럼 보이지만, 실은 감탄을 나타내는 문장이지. 자, 그럼 명령문!"

시키거나 요구하는 명령문

"나를 따르라! 이렇게 명령을 하는 문장이 명령문이지."

"물 좀 주세요. 하고 어른한테 말하는 것도 명령문이야?"

"그것도 명령문이지. 명령문은 듣는 사람에게 어떤 행동을 하라고 요구하는 거야. 듣는 사람이 늘 이인칭 대명사로 정해져 있기 때문에 주어가 생략되는 게 보통이지."

"(너는) 공부 좀 열심히 해라. (할머니,) 안녕히 주무세요. 이렇게 주어를 안 쓴다, 이 말이지?"

"응. 그런데 명령문은 듣는 사람에게 어떤 행동을 하라고 요구하는 것이라고 했잖아? 그래서 서술어로 반드시 동사만 써야 해. 형용사나 서술격 조사 -이다를 쓰면 이상하게 돼."

"너는 예뻐라. 말이 안 되는구나."

"너는 학생이어라. 이것도 이상하구나."

함께 하자고 요청하는 청유문

"이번에는 청유문에 대해 알아보자."

"청유문이 무슨 뜻이야?"

"청유란 무언가를 함께 하자고 요청한다는 뜻이야. 그러니까 청유문은 '우리 어떤 행동을 함께 합시다.'라고 요청하는 문장이지."

"그럼 자, 이제 공부 그만합시다. 이런 문장이겠네?"

"너는 맨날 놀 생각만 하니?"

운소가 음소에게 핀잔을 주었어요.

"음소도 말로만 저러지 열심히 하는데, 뭐. 청유문은 -하자, -하세, -하시지요, -합시다 이런 어미가 붙어서 이루어지지. 청유문은 내가 듣는 사람에게 하는 말이니까, 늘 우리가 주어겠지? 어떻게 보면 우리에게 하는 명령이라고도 볼 수 있잖아. 그래서 청유문은 명령문과 성격이 비슷해."

"아, 동사만 사용해야겠구나."

"그럴 것 같아. 우리, 다 같이 착합시다. 이상하잖아."

"하하, 그렇지? 우리 좀 더 느리자. 아, 이상해라. 청유문의 주어는 우리지만 가끔 나가 주어일 때도 있어."

"어떻게 그래?"

"나도 말 좀 하자. 이런 문장 많이 쓰지 않니? 내리고 탑시다. 이런 문장도 그렇고."

"나도 말 좀 하게 너희들 조용히 해라, 내릴 사람 먼저 내린 다음 나중에 타세요, 이런 뜻이잖아."

"이쯤 되면 청유문이 아니라 명령문이라고 해야겠네."

"하하, 그렇지? 하지만 명령의 뜻을 지닌 청유문이라고 해야 하겠지? 자, 마지막으로 자기 느낌을 드러내는 문장을 살펴볼까?"

느낌을 드러내는 감탄문

"느낌을 드러낸다면 감탄문?"

"그렇지. 어떤 게 있을까?"

"아, 슬퍼라!"

"아, 올해도 다 갔구나!"

"잘 아는구나. 설명할 필요가 없겠는데. 그래도 조금 설명을 덧붙이자면, 감탄문에는 -구나, -구먼, -구려가 붙는 구형 감탄문과 -어라/-아라, -어가 붙는 -어라형 감탄문이 있어."

"오호, 이름이 재미있네. 서로 차이가 있나?"

"조금 차이가 있지. 간단히 말하자면 갑작스러운 느낌을 표현할 때는 -어라를 쓴다고 생각하면 되겠다. 앗, 차가워라!"

"갑작스럽지 않을 때는 -어라를 쓰면 안 되는 거야?"

"아, 오늘 날씨가 무척 차가워라! 이상하지 않니?"

운소가 음소를 흘깃 바라보았어요.

"하하, 맞아. 뭐가 엄청 차가워서 깜짝 놀라는 와중에 관형어, 주어,

부사어 일일이 챙겨서 말하는 게 이상해서 그런 거겠지?"

삼촌이 설명을 마치자, 음소가 입을 삐죽거렸어요.

"그래도 양반이 그럴 수 있나. 아, 오늘도 문법 공부는 아주 재미있어라."

문장은 종결 표현에 붙는 어미에 따라
평서문, 의문문, 명령문, 청유문, 감탄문,
이렇게 다섯 가지로 구분된다.

높임 표현

커피, 나오셨습니다?

"삼촌, 안녕?"

"응, 어서들 와."

삼촌이 연구소에 들어오는 쌍둥이를 반가이 맞아 주었어요. 아이들이 자리를 잡고 앉자 삼촌이 이야기를 시작했어요.

"내가 어제 약속이 있어서 어떤 커피집에 갔다가 커피를 한 잔 주문했거든. 조금 기다리다 내 차례가 되어서 갔더니 거기서 일하시는 분이 커피를 주면서 이렇게 말하는 거야. '손님, 커피 나오셨습니다.'"

"커피, 나오셨습니다? 이상한데. 커피도 올려서 말해야 하나?"

"손님에게 공손히 말한다는 게 커피까지 올린 건가 봐. 잘못된 높임말이지?"

"물건을 높이는 표현이니까 잘못된 높임말이지."

상대에 맞추는 상대 높임법

"우리나라 사람들은 예의를 소중하게 생각하잖아. 그래서 말을 할 때, 정확한 높임 표현을 쓰는 것도 아주 중요하지. 높임 표현이 중요한 만큼 높임 표현에도 세 가지 방법이 있단다."

"세 가지씩이나? 그냥 높이기만 하면 되는 거 아니야?"

음소가 뽀로통한 표정을 지었어요.

"높임 표현이라고 해서 무조건 높이기만 하면 되는 건 아니야. 상대가 자기보다 어린아이라면 낮추어 표현하는 것도 올바른 높임 표현이지. 먼저, 방금 말했듯이 듣는 상대가 누구냐에 따라 높이거나 낮추어 말하는 방법을 상대 높임법이라고 해. 상대 높임법에서는 종결 어미를 이용하여 듣는 상대를 높여. 하십시오, 하오, 하게, 해라, 해요, 해 등 여섯 개 등급의 어미를 사용하지. 예를 들어 승수가 학교에 간다/갔냐/갔니?/갔냐?/갔구나 는 해라체를 사용한 높임 표현이야. 다른 등급의 어미를 사용해 볼까?"

"하십시오체를 사용하면 승수가 학교에 갑니다/갔습니다/갔습니까?가 되겠네. 하오체를 사용하면 승수가 학교에 가오/갔소/갔소?/갔구려가 되고."

음소가 이 정도쯤이야 하는 표정으로 대답했어요. 운소도 자신 있게 대답했지요.

"하게체로 하면 승수가 학교에 가네/갔네/갔는가?/갔구먼 이렇게 되겠지. 해요체로 하면 승수가 학교에 가요/갔어요/갔어요?/갔군요. 해체로 하면 요 자만 빼면 돼. 승수가 학교에 가/갔어/갔어?/갔군."

"응, 잘했어. 이처럼 상대 높임법은 종결 어미를 사용해서 상대가 누구냐에 따라 높이거나 낮추어 말하는 방법이야."

"상대에 맞추는 방법이니까 상대 높임법이지."

음소가 당연한 소리라는 듯이 말했어요. 삼촌이 미소를 지으며 말을 이어 나갔어요.

주어에 맞추는 주체 높임법

"듣는 상대에 맞추지 않고 문장의 주어를 높이는 방법도 있는데, 이것은 주체 높임법이라고 해. 선생이 교실로 온다.라는 문장을 보자."

"높임법에 안 맞는 문장이야. 선생님이라고 하고 존댓말을 써야지."

"선생님께서 교실로 오신다.라고 고쳐야 맞겠어."

운소가 고개를 끄덕였어요.

"그렇지? 이 문장의 주어는 선생님이야. 말하는 사람 입장에서 선생님은 높여야 할 대상이지. 이럴 때는 문장의 주어인 선생님을 높여야 하는데, 몇 가지 방법이 있어. 기본적으로는 -시- 라는 접미사를 넣는 거야."

"온다를 오신다로 바꾼다, 이거지?"

"님 자도 붙이고, 이를 께서로 바꾸기도 했어."

"맞아. 그리고 주체 높임법에서는 높임을 나타내는 계시다, 주무시다, 편찮으시다, 잡수시다 같은 특수한 용언을 사용하기도 해. 이런 용언들을 넣어서 문장을 만들어 볼까?"

"할머니께서는 시골에 계신다. 할아버지께서는 늘 낮잠을 주무신다."

"아버지께서 많이 편찮으세요. 큰아버지께서는 이미 진지를 잡수셨어요."

아이들이 자신 있다는 듯이 낭랑한 목소리로 답했어요.

"잘했어. 그리고 훌륭한데? 진지라는 단어까지 알고 있다니. 주체 높임법에서는 특수한 용언뿐만 아니라 진지 같은 높임을 나타내는 특수한 명사도 사용하지. 밥/진지 말고도 나이/연세/춘추, 집/댁, 말/말씀 등이 쓰이지. 예를 들어 볼까?"

"할아버지께서는 연세가 많이 드셔서 건강이 안 좋으세요."

"추석에는 할머니 댁에 가기로 했어요."

"좋았어. 그런데 말씀은 자기 말을 낮출 때도 사용할 수 있어."

높임을 나타내는 특수한 명사

밥 → 진지   나이 → 연세/춘추
집 → 댁   말 → 말씀

"아, 선생님, 제 말씀 좀 들어 보시겠어요? 하고 말할 때 말이지?"

"알고 있구나. 주체 높임법은 자기보다 높은 사람을 높일 때 쓰는 방법이지? 그런데 높은 사람을 높이다 보니 높은 사람의 생각이나 신체를 높일 때도 있어. 예를 들어 할머니께서는 고민이 하나 있어. 이렇게 말하면 어떻게 들리니?"

운소가 이마에 주름을 잡으며 고개를 갸우뚱했어요.

"약간 버릇없는 말투로 들리는데? 할머니의 고민도 높여서 말해야 할 거 같아."

"그럼 할머니께서는 고민이 하나 계셔.라고 말하면 되는 거 아니야? 계시다가 있다의 높임말이잖아."

음소가 자신만만하게 말했지만, 삼촌은 고개를 살살 저었어요.

"여기서 우리가 높이고자 하는 대상은 할머니의 고민이잖아. 그런데 원래 고민은 사람이 아니기 때문에 높일 필요가 없어. 하지만 할머니를 높여야 하니까, 할머니의 고민을 높여서 표현함으로써 실제로 높여야 할 할머니를 간접적으로 높이는 방법이 있어."

음소와 운소가 궁금한 듯 삼촌을 바라보았어요.

"할머니께서는 고민이 하나 있으셔. 이렇게 말이야."

음소와 운소가 동시에 고개를 끄덕였어요.

"아하, 계시다와 같은 특수 용언을 쓰지 않고 보통 용언에 −시−를 넣어서 표현하는구나."

간접 높임

할머니께서는 고민이 하나 있으셔.
교장 선생님의 말씀이 있으시겠습니다.
아버지께서는 손가락이 아프시다.

"그럼 교장 선생님의 말씀이 계시겠습니다.라고 말하면 틀리고, 교장 선생님의 말씀이 있으시겠습니다.라고 말해야 하겠네?"

"아버지께서는 손가락이 편찮으시다.는 틀린 표현이고 아버지께서는 손가락이 아프시다.라고 표현해야겠군."

대상을 높이는 객체 높임법

"그렇지! 둘 다 잘했어. 마지막으로 객체 높임법에 대해 알아보자. 주체 높임법에서는 문장의 주어를 높였잖아. 객체 높임법이란 문장의 목적어나 부사어를 높이는 방법이야. 예를 들어 나는 할머니를 데리고 병원에 갔다. 이 문장은 어떠니?"

"이상해. 목적어인 할머니를 높여야 할 것 같아."

"나는 할머니를 모시고 병원에 갔다. 이렇게 고치면 되겠네."

"맞았어! 문장의 목적어인 할머니를 높이기 위해서 모시다 라는 특수 용언을 썼구나. 부사어를 높이는 경우도 한번 볼까? 나래는 선생님에게 궁금했던 점에 대해 물어보았다. 이 문장은 어떻게 고쳐야 좋을까?"

"나래는 선생님께 궁금했던 점에 대해 여쭈어보았다."

"응, 잘했어. 부사어인 선생님에게를 높였구나."

"에게를 께로 바꾸었어. 선생님과 어울리는 조사를 쓴 거야. 물어보다 를 여쭈어보다 라는 특수 용언으로 바꾸고."

운소가 음소를 도와 설명해 주었어요.

"그렇지. 이처럼 객체 높임법에서는 모시다, 드리다, 뵙다, 여쭈다 같은 특수 용언을 사용해서 높임 표현을 해. 그런데 이런 특수 용언이 몇 가지 남지 않았어. 아쉽게도 말이야."

"아쉽기는. 그것 말고도 외울 단어가 얼마나 많다고······."

음소와 운소가 동시에 입을 씰룩거렸어요.

> 높임 표현에는 듣는 상대가 누구냐에 따라 높이거나 낮추어 말하는 상대 높임법, 문장의 주어를 높이는 주체 높임법, 문장의 목적어나 부사어를 높이는 객체 높임법이 있다.

시간 표현

언제 있었던 일이지?

"안녕, 삼촌?"

"어서 와. 응? 그런데 음소는?"

"아직 안 왔어? 친구 집에서 놀다 온다더니······."

그때 음소가 숨을 몰아쉬며 연구소에 들어왔어요.

"안녕, 삼촌? 별로 안 늦었지?"

운소가 음소를 노려보았어요.

"게임하느라 늦었지? 숙제가 많다면서 놀고만 있니?"

"국어는 다 했어. 사회는 하고 있고. 내일이면 다 할 거야."

삼촌이 아이들에게 따뜻한 우유를 가져다주었어요. 음소는 우유 한 모금을 홀짝 하고는 웃옷을 벗었어요. 뛰어오느라 더웠나 봐요.

삼촌이 음소를 물끄러미 보다가 이야기를 시작했어요.

과거 시제

"음소가 방금 한 말 있잖아?"

"어떤 말?"

음소가 우유 컵을 입에 댄 채 물었어요.

"국어는 다 했어. 사회는 지금 하고 있고. 내일이면 다 할 거야. 이 가운데 과거에 있었던 일을 표현한 문장이 뭐지?"

"국어는 다 했어."

"그럼 나머지 두 문장은 각각 언제를 표현한 거지?"

"사회는 지금 하고 있고는 현재를 표현한 거고, 내일이면 다 할 거야는 미래를 표현한 거지."

"맞아. 어떤 일이 과거에 일어난 일인지, 지금 일어나고 있는 일인지, 아니면 앞으로 일어날 일인지 우리는 말을 달리해서 시간을 표현해. 시간을 나타내는 표현법을 흔히 시제라고 부르는데 과거 시제, 현재 시제, 그리고 미래 시제가 있지."

"언제를 기준으로 과거와 현재, 미래를 나누는 거야?"

"말하는 시점을 기준으로 그 일이 언제 일어났는지를 나누는 거야. 말하는 시점보다 일이 일어난 시점이 앞서 있으면 과거 시제야. 과거 시제는 -았/었-을 사용해 표현하지. 예를 들어 볼까?"

"나는 어제 영화를 보았다."

음소가 대답했어요.

"좋아. -았-을 사용해서 과거 시제 문장을 만들었구나."

"이 공원에는 다람쥐가 살았었지.라고 해도 과거 시제 아닌가?"

운소가 고개를 갸우뚱하면서 물었어요.

"과거 시제 맞아. 운소처럼 -았었-을 사용해서 과거 시제 문장을 만들 수도 있어. 그런데 -았/었-을 사용할 때와는 조금 차이가 있지? 이 문장을 들으면 어떤 느낌이 드니?"

"지금은 이 공원에 다람쥐가 안 살고 있다는 뜻으로 들려."

"그렇지? 어미 -더-를 사용해서도 과거 시제를 표현할 수 있어."

"아까 보니 음소는 놀러 가고 없더라."

운소가 음소를 예로 들어 말하자, 음소가 입을 삐죽거렸어요.

"잘했어. 운소가 직접 보았다는 뜻이지? 이처럼 -더-는 과거에 자기가 직접 겪은 일에 대해 이야기할 때 쓰는 어미야."

현재와 미래 시제

"그럼, 현재 시제에 대해서도 알아볼까? 현재 시제는 말하는 시점과 일이 일어난 시점이 같을 때 쓰는 표현법이야."

"말하고 있는 지금 일어나는 일이란 말이지?"

"준서는 지금 집에 간다."

"영미가 창문을 닫는다."

"맞아. 현재 시제를 표현할 때, 동사에는 -ㄴ/는-이 붙지. 그런데 형용사의 현재형에는 아무것도 붙지 않아."

"그럼 기본형이 현재형으로 쓰인다는 뜻이네?"

"지금 바다는 몹시 잔잔하다."

"그렇지. 이제, 미래 시제에 대해서 알아보자."

"미래 시제는 말하는 시점보다 일이 일어난 시점이 뒤에 있을 경우겠네."

"오늘은 비가 내리겠습니다. 이런 문장이 미래 시제 아니야?"

"내일 저는 사회 숙제를 다 할 것입니다. 이런 문장도 미래지?"

음소가 자기 이야기를 예로 들자, 삼촌이 씩 웃었어요.

"맞았어. 미래 시제에는 -겠-이나 (으)ㄹ 것이-라는 표현이 쓰이지. 내일은 눈이 꼭 오리라. 처럼 -리-도 쓰이긴 하지."

"누가 그런 말을 써?"

"역사 드라마에서나 쓰는 말 같은데?"

"하하, 조금 예스럽게 들리지. 앞에서 예로 든 어미 말고, 관형사형 어미를 사용해서 시제를 나타내기도 해. 이것은 내가 읽은 책이다. 이 말은 책을 언제 읽었다는 뜻일까?"

"과거에 읽었다는 뜻이지. 과거 시제네."

"그럼 현재 시제와 미래 시제는 어떻게 되지?"

"현재는 이것은 내가 읽는 책이다, 미래는 이것은 내가 읽을 책이다."

"이것은 내가 읽던 책이다.도 과거 아닌가?"

음소가 이마를 찌푸리며 묻자, 삼촌이 빙긋 미소를 지었어요.

"그것도 과거는 과거지. 하지만 읽은 책 하고 읽던 책 하고는 뜻이 좀 다르지?"

"아, 알겠어. 읽은 책은 책을 다 읽었다는 뜻이고, 읽던 책은 아직 다 읽지 못했다는 뜻이야."

운소의 대답을 듣고 음소도 고개를 끄덕끄덕했어요.

"좋아. 음소가 얼른 사회 숙제를 끝낼 수 있도록 오늘은 여기까지 하도록 하자."

"오케이!"

아이들이 기쁜 듯이 소리를 질렀어요.

말하는 시점보다 일이 일어난 시점이
앞서 있으면 과거,
말하고 있는 지금 일어나는 일은 현재,
말하는 시점보다 일이 일어난 시점이
뒤에 있을 경우 미래 시제다.

피동 표현

무슨 일을 당했나?

"아, 정말 화딱지 나 죽겠네!"

운소가 연구소에 들어서자마자 소리부터 빽 질렀어요.

"왜? 무슨 일 있었니?"

"학교에서 단단히 당했나 봐!"

음소가 먼저 말을 꺼냈어요. 그리고 잠시 숨을 고른 운소가 학교에서 있었던 일을 이야기했어요.

한 남자애가 운소더러 "선생님께서 너 오래." 하길래 가 봤더니, 선생님이 "운소, 웬일이니? 뭐 할 말 있니?" 하셨다는 거예요. 운소는 아무 말도 못 하고 그냥 돌아왔다고 해요.

"걔가 우리 운소를 좋아하는 모양이구나. 남자애들은 원래 좋아하는 여자애들을 자꾸 놀리고 그러지 않니?"

"삼촌! 누구 약 올려? 좋아하기는 무슨……."

주체의 동작을 강조하는 능동문

운소가 소리치자, 삼촌은 얼른 손사래를 쳤어요.

"아니, 아니야. 내가 왜 운소를 놀려? 어쨌든 당했다는 이야기가 나왔으니까 오늘은 주어가 다른 주체에 의해 어떤 동작을 당하는 것을 표현하는 피동 표현에 대해 알아보자."

운소가 '쳇!' 하고 불만을 표시했지만 삼촌은 짐짓 모르는 체하면서 이야기를 이어 나갔어요.

"예를 들어 고양이가 쥐를 잡다.라는 문장은 주어 고양이가 잡는 동작을 자기가 내켜서 하는 것을 표현한 것이야. 이런 표현을 능동 표현이라고 하는데, 능동 표현에 쓰인 잡다 같은 동사를 능동사, 능동사가 쓰인 문장을 능동문이라고 해. 이 능동문을 쥐에 초점을 맞추어, 다시 말해 쥐를 주어로 바꾸면 어떻게 될까?"

"쥐가 고양이에게 잡히다."

음소가 운소 들으라는 듯이 큰 소리로 대답했어요.

"그렇지. 주어 쥐가 다른 주체인 고양이에게 자기 뜻과는 상관없이 잡힘을 당한다는 뜻이지? 이처럼 주어가 다른 주체에게 어떤 동작을 당하는 것을 피동이라고 하고 피동으로 표현된 문장을 피동문이라고 해."

"그럼 피동문에 쓰인 잡히다 같은 동사는 피동사라고 하겠네?"

화가 조금 풀렸는지 운소가 밝은 목소리로 물었어요.

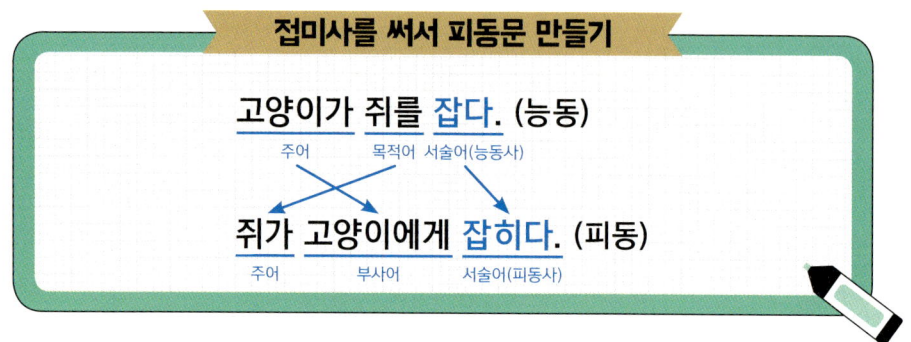

"그렇지. 그럼 능동문을 피동문으로 바꾸면 무엇이 어떻게 바뀌는지 살펴볼까?"

"고양이가가 고양이에게로, 쥐를이 쥐가로, 잡다가 잡히다로 바뀌었어."

"주어가 부사어로, 목적어가 주어로, 능동사가 피동사로 바뀐 거네."

"응, 맞아. 특히 동사의 경우, 능동사 잡다가 피동사 잡히다로 바뀌었어. 이처럼 피동사는 보다/보이다, 접다/접히다, 들다/들리다, 안다/안기다처럼 능동사의 어간에 피동을 만드는 접미사 -이-, -히-, -리-, -기-가 붙어서 되는 경우가 많아. 예를 들 수 있을까?"

"망치를 쓰다/망치가 쓰이다, 종이를 접다/종이가 접히다."

"끈을 풀다/끈이 풀리다, 아기를 안다/아기가 안기다."

"좋았어. 능동을 피동으로 만드는 방법에는 이처럼 능동사를 피동사로 바꾸는 방법도 있고, 그 섬은 탐험가에 의해 발견되었다, 운동화 끈이 풀어졌다, 동생이 학교에 가게 되었다처럼 -되다, -어/아지다, -게 되다를 붙여서 만드는 방법도 있어. 그렇다고 피동사에 다시 -어/어지

> **피동을 만드는 접미사**
>
> 망치를 쓰다 / 망치가 쓰이다
> 종이를 접다 / 종이가 접히다
> 끈을 풀다 / 끈이 풀리다
> 아기를 안다 / 아기가 안기다

다를 덧붙여서 이중으로 피동을 만들면 안 돼."

"그런 경우가 있어?"

"예를 들어 잊히지 않아.를 잊혀지지 않아.라고 한다든가, 둘로 나뉜을 둘로 나뉘어진이라고 하는 것은 모두 이중 피동으로 이렇게 쓰면 안 되는 거야."

"맞아. 생각되는을 꼭 생각되어지는, 불리는을 불려지는이라고 쓰는 친구들이 있어."

음소가 친구들 생각을 하는 듯 눈을 위로 치켜뜨고 있는데, 운소가 고개를 갸우뚱했어요.

주체를 모를 땐 피동문으로

"피동문을 능동문으로 만든다고 치자고. 그 섬은 탐험가에 의해 발견되었다의 주어는 탐험가가 되겠지? 그런데 운동화 끈이 풀렸다, 동생이 학교에 가게 되었다 이런 문장의 주어는 무엇인지 모르겠어."

"그러게. 동작을 하는 주체가 누구야?"

운소 말을 듣고 보니, 음소도 궁금한가 봐요. 삼촌이 고개를 끄덕였어요.

"좋은 지적이야. 달리기하다가 운동화 끈이 풀렸다고 해 봐. 누가 운동화 끈을 풀었을까? 동생이 학교에 입학했는데, 누가 보냈을까?"

"운동화 끈이야 저절로 풀렸겠지, 풀긴 누가 풀어? 바람이? 아니면 귀신이?"

"엄마나 아빠가 동생을 학교에 보냈겠지. 하지만 누가 알아? 학교는 나이 되면 그냥 가는 거 아닌가?"

"그렇지. 어떤 동작이 있긴 했지만 그 동작의 주체를 알 수 없는 경우가 우리 주변에는 아주 많아. 이런 경우에는 능동으로 표현하기가 곤란하잖아. 그래서 능동으로 표현하지 않고 일부러 피동으로 표현하는 거지. 나그네가 어느 부잣집에 묵게 되었어요. 이런 문장에서도 누가 나그네를 부잣집에 묵게 한 것인지 알 수 없으니까 피동으로 표현한 거지."

"우연히 그렇게 된 거겠지. 길을 걷다가 발이 돌멩이에 걸렸어요. 이런 문장처럼."

"책상 위에 먼지가 하얗게 쌓였다. 이런 문장도 마찬가지일 것 같아. 먼지를 누가 일부러 쌓은 것이 아니니까 말이야."

삼촌이 박수를 치면서 말했어요.

"다들 아주 좋은 예를 들었어. 어쨌든 우리가 능동문을 피동문으로, 그리고 피동문을 능동문으로 바꾸기는 하지만, 능동문과 피동문의 뜻이 반드시 똑같다고만은 할 수 없어. 사냥꾼이 사슴을 보았다.와 사슴이 사냥꾼에게 보였다.가 같은 뜻일까?"

"앞 문장은 사냥꾼이 무엇을 했는지가 강조된 것 같아."

"뒤 문장은 사슴이 어떤 일을 당했는지에 초점이 맞는 것 같고."

"그래, 맞아. 그래서 주체의 동작을 강조하기 위해서는 능동문으로 쓰고, 그럴 필요가 별로 없을 때는 피동문으로 쓰는 것이 좋은 글쓰기란다."

"그렇겠네!"

운소는 반색을 했지만, 음소는 눈만 껌벅껌벅했어요.

> 주어가 자발적으로 행하는 동작을 나타내는
> 동사를 능동사라고 하고,
> 반대로 주어가 다른 주체에게
> 어떤 동작을 당하는 것을 피동이라고 한다.

사동 표현

직접 하느냐, 남에게 시키느냐

"얘들아, 내가 너희 주려고 샌드위치를 만들었어."

삼촌이 아이들에게 샌드위치를 한 조각씩 주었어요. 음소는 재빨리 샌드위치를 집어 들고 한 입 베어 물었어요. 그런데 운소는 먹을 생각은 안 하고 두리번거리고 있네요.

"삼촌, 우유 없어?"

"음, 냉장고에 있을 텐데… 음소, 네가 가서 가져올래?"

음소는 샌드위치를 우물거리며 볼멘소리를 했어요.

"아이참, 삼촌도 나를 시키네. 엄마도 꼭 나만 시키는데……."

음소는 투덜거리면서도 자리에서 일어났어요.

음소가 우유를 가져오자, 삼촌이 물었어요.

"집에서도 음소가 심부름을 잘하나 보다."

"엄마는 나만 시켜. 남자도 집안일을 해야 한다나?"

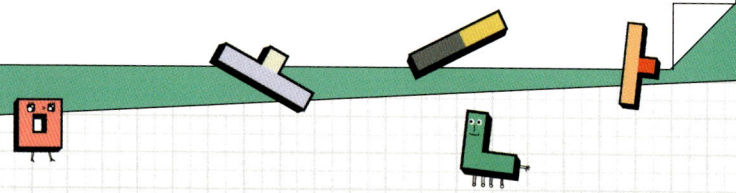

남에게 시키는 표현

"맞는 말이네. 그럼 오늘은 주어가 남에게 어떤 동작을 하도록 시키는 표현, 사동 표현에 대해서 알아볼까나?"

운소는 음소를 향해 한쪽 눈을 찡긋하더니 우유를 한 모금 마시고 샌드위치를 베어 먹었어요.

"아이가 빵을 먹는다. 이 문장에서는 아이가 빵을 먹는 동작을 직접 하잖아? 이런 문장을 주동문이라고 해."

"주동문? 능동문하고 어떻게 달라?"

"응, 둘 다 주어가 직접 동작을 하는 것은 같은데, 능동문에서는 주어 스스로가 하고 싶어서 한다는 뜻이 더 강하다고 봐야지? 어쨌든 이 주동문을 엄마가 아이에게 빵을 먹인다.라고 바꾸면 주어인 엄마가 아이에게 빵을 먹는 동작을 시킨다는 뜻이 되지? 이런 문장은 사동문이라고 해."

"사동이란 남을 시킨다는 뜻이로군. 엄마나 삼촌처럼, 쳇!"

"그런데 주동문에는 없던 엄마가 라는 새로운 주어가 생겼네?"

"그렇지? 주동문을 사동문으로 바꾸면 없던 주어가 생겨. 시키는 주체가 나타나는 거지. 사동문에서 쓰이는 동사를 사동사라고 하는데, 얼음이 녹다/얼음을 녹이다, 옷을 입다/옷을 입히다, 연이 날다/연을 날리다, 신을 신다/신을 신기다, 잠이 깨다/잠을 깨우다, 몸이 솟다/몸을 솟구다, 온도가 낮다/온도를 낮추다처럼 쓰이지."

사동을 만드는 접미사

얼음이 녹다 / 얼음을 녹이다

옷을 입다 / 옷을 입히다

연이 날다 / 연을 날리다

신을 신다 / 신을 신기다

잠이 깨다 / 잠을 깨우다

몸이 솟다 / 몸을 솟구다

온도가 낮다 / 온도를 낮추다

"접미사 -이-, -히-, -리-, -기-, -우-, -구-, -추-가 붙어서 사동사가 되는구나. 피동사랑 비슷한데, 접미사 몇 개가 더 쓰이네?"

"그렇지? 보통은 그런데, 서다→세우다, 차다→채우다, 없다→없애다처럼 -이우-나 -애-가 쓰일 때도 있어. 이것으로 사동문을 만들어 볼까?"

"건물이 서다 / 건물을 세우다, 물이 차다 / 물을 채우다, 얼룩이 없다 / 얼룩을 없애다."

"잘했어. 사동사를 써서 사동문을 만들기도 하지만, -시키다나 -게 하다를 붙여서 사동문을 만들 수도 있어. 차가 정지하다 라는 문장을 이 두 표현을 사용하여 바꿔 볼까?"

> **'-이우'나 '-애-'가 쓰인 사동문**
>
> 건물이 서다 / 건물을 세**우**다
> 물이 차다 / 물을 채**우**다
> 얼룩이 없다 / 얼룩을 없**애**다

"차를 정지시키다. 차가 정지하게 하다."

음소가 자신 있게 대답했어요. 그런데 운소가 고개를 갸우뚱했어요.

"차를 정지하게 하다도 될 것 같은데?"

"맞아. 그래도 돼. 예를 들어 엄마는 아이에게 신을 신겼다.처럼 사동사를 사용해서 만든 사동문에는 동사가 하나밖에 없어. 그래서 사동문도 하나지. 그런데 엄마가 아이에게 신을 신게 했다.처럼 -게 하다를 붙여서 만든 사동문에는 동사가 두 개야. 그래서 사동문도 여러 개를 만들 수 있어. 다른 사동문으로 한번 만들어 볼래?"

"엄마는 아이가 신을 신게 했다. 엄마가 아이를 신을 신게 했다."

"같은 사동문인데 세 가지로 표현할 수 있구나."

"다른 차이도 있어. 엄마가 동생에게 옷을 입게 했다.에서 옷을 입는 사람이 누구지?"

"동생이지!"

뭘 당연한 것을 묻느냐는 듯이 음소가 재빨리 대답했어요.

"그럼 엄마가 동생에게 옷을 입혔다.에서는 누굴까?"

"당연히 동생이지! 엄마가 시킨 거잖아."

이번에도 음소가 목소리를 높였어요. 하지만 운소의 대답은 달랐지요.

"아니지. 엄마가 동생 손을 잡아서 옷소매에 넣어 주고, 동생 머리 위로 옷을 씌어 주면서 직접 입혔다는 뜻일 수도 있잖아."

운소 말을 듣고, 음소가 눈을 위로 치켜떴어요.

'응? 그런가?'

"그렇지? 이처럼 사동사를 써서 만든 사동문은 서로 다른 두 가지 뜻으로 해석할 수 있어. 그러니까 말을 하거나 글을 쓸 때는 어떤 사동문으로 써야 할까를 곰곰이 따져 보는 것이 좋겠지?"

"응, 잘 알겠어, 삼촌!"

쌍둥이가 입을 맞추어 소리쳤어요.

주체가 자기 스스로 행동이나 동작을 하지 않고 남에게 그 행동이나 동작을 하게 하는 문장이 사동문이다. 주어가 남에게 어떤 동작을 하도록 시키는 표현이 사동 표현이다.

부정 표현

안 하는 거야,
못 하는 거야?

"안녕 삼촌? 우리 왔어."

"응, 어서들 와. 뭐 좀 마실래?"

쌍둥이가 자리에 앉자 삼촌이 물었어요.

응? 그런데 음소 배에서 '꼬르륵' 하는 소리가 나네요?

"음소, 점심 안 먹었니?"

삼촌이 의아스러운 표정으로 물었어요. 음소가 씩 웃었어요.

"안 먹은 게 아니라 못 먹었지, 고놈의 게임하느라. 킥킥!"

"놀리기는……. 삼촌, 뭐 먹을 거 없어?"

삼촌이 얼른 냉장고에서 뭔가를 꺼내 왔어요.

"이거라도 먹을래?"

삼촌이 귤 몇 알을 내려놓자, 음소가 얼른 손을 뻗었어요.

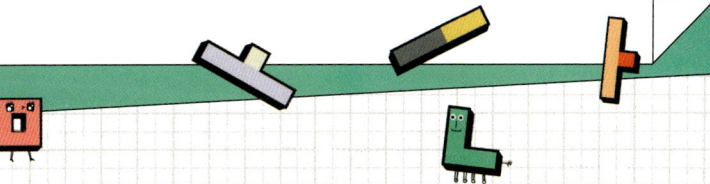

안 해? 못 해!

"안 먹은 게 아니라, 못 먹은 게 확실하군. 그럼 오늘은 안과 못이 들어가는 부정 표현에 대해서 공부해 볼까? 부정 표현은 어떻게 할까?"

"안과 못이 들어간다며?"

"않다와 못하다도 부정 표현에 쓰이겠지?"

"둘 다 맞았어. 안, 못, 않다, 못하다 이런 말들이 부정 표현에 쓰여 문장을 부정문으로 만들지. 간단한 것부터 해 볼까? 연서는 학교에 갔다.를 부정문으로 만들면?"

"연서는 학교에 안 갔다. 연서는 학교에 못 갔다."

"연서는 학교에 가지 않았다. 연서는 학교에 가지 못했다."

역시 간단했나요? 아이들이 아주 쉽게 대답했어요.

"잘했어. 이 가운데 '안, 않다'를 써서 만든 부정문을 '안' 부정문이라고 해. 그런데 연서는 왜 학교에 가지 않았을까? 자기 스스로 가기 싫어서 안 갔을까, 아니면 갈 수가 없었을까?"

"자기가 가기 싫어서 일부러 안 간 거지."

"그렇지? 이처럼 '안' 부정문은 주어가 자기 의지에 따라 어떤 일을 일부러 하지 않았다는 의지 부정의 뜻을 담고 있어."

음소는 고개를 끄덕였지만, 운소는 고개를 갸우뚱했어요.

"이상하다. 그럼 오늘은 비가 안 왔어요. 같은 문장은 어떻게 되는 거야? 비가 자기 뜻대로 일부러 안 온 것은 아닐 거 아니야?"

이번에는 삼촌 대신 음소가 설명했어요.

"비는 사람이 아니니까 의지가 있을 수 없잖아."

"맞았어. 의도적으로 행동할 수 없는 사물의 경우에는 의지 부정이 아니라 단순 부정이라고 해야겠지. 우리 학교는 그리 크지 않다. 이렇게 서술어가 형용사인 경우도 의지 부정이 아니라 단순 부정이겠지? 그럼 주어가 뭔가를 하고 싶어도 할 수 없었다면 어떻게 표현할까?"

"예를 들어 혜정이는 오늘 도서관에 못 갔다/가지 못했다. 이렇게 말해야 하겠지."

"못이나 못하다 를 쓰는 부정문은 못 부정문이라고 하나?"

"후후, 맞아. 역시 하나를 가르쳐 주면 둘을 안다니까. 못 부정문은 주어의 능력이 부족하거나 다른 이유 때문에 어떤 행동을 하지 못했다는 능력 부정의 뜻을 담고 있지. 예를 들어 볼까?"

"선영이는 이가 아파 고기를 못 먹는다."

"내 동생 민수는 아직 한글을 읽지 못한다."

"좋아. 능력 부족을 나타내는 못 부정문이 무엇인지 알겠지? 그런데 회원증이 없으면 책을 빌리지 못합니다.에서처럼 못 부정문이 금지의 뜻을 나타낼 수도 있어."

"우리 아파트에서는 개나 고양이를 못 길러. 이럴 때 쓰는 못이지?"

"다행히 담배도 못 피워."

"후후, 운소는 담배 연기가 어지간히 싫은가 보구나. 못 부정문이 의지 부정으로 쓰일 때도 있어. 의지가 몹시 강할 때 말이지."

"나, 안 해. 아니, 못 해!"

운소가 갑자기 큰 소리로 말하자, 음소가 깜짝 놀랐어요.

강한 의지, 금지, 부탁할 때도

"맞아. 바로 그거야. 자신의 강한 의지를 표현하기 위해서 사람들은 '못' 부정문을 쓰지."

"나는 삼촌 말에 절대 찬성 못 해! 이런 식으로?"

"응? 찬성 못 한다고? 이해가 안 가니?"

"아니, 그냥 예를 한번 들어 봤어. 못 부정문이 강한 의지를 표현한다며?"

"이 녀석이, 삼촌을 놀리네. 어쨌든 좋아. 나는 부산에 안/못 가. 너도 부산에 안/못 가니? 못/안 가는구나! 이렇게 평서문이나 의문문, 감탄문에는 안 부정문이나 못 부정문이 쓰이지. 그럼 명령문과 청유문은 어떻게 부정문으로 만들까?"

"너, 부산에 안/못 가라. 우리 부산에 안/못 가자. 이상하네."

"너, 부산에 가지 마라. 우리 부산에 가지 말자. 이렇게 써야지?"

"맞아. 명령문이나 청유문에는 말다 를 써. 말다 부정문이라고 하지. 명령문에서는 촛불을 끄지 마/마요, 떠들지 마라/말아라 이렇게 쓰고, 청유문에서는 우리 싸우지 말자/맙시다 이런 식으로 쓰지. 모두 금지를 나타내는 부정문들이야."

"말다 를 평서문에 쓰면 안 되는 거야? 지민이는 오늘 연습도 하지 말고 집에 일찍 갔다. 이상하구나."

"좋아. 그런데 부정문에서는 부정하는 대상이 무엇인지가 분명하지 않아. 그래서 같은 문장이 여러 가지 의미로 해석될 수가 있어. 예를 들어 민아가 운동장에서 초아를 밀지 않았다.라는 문장은 어떻게 해석될 수 있을까?"

"아, 민아가 아니라 다른 사람이 밀었다, 운동장이 아니라 다른 곳에서 밀었다, 이렇게 여러 가지로 해석할 수 있겠다."

"초아가 아니라 다른 사람을 밀었다, 민 것이 아니라 다른 행동을 했다, 뭐 이렇게도 해석할 수 있겠어."

"그래, 맞아. 이렇게 여러 가지로 해석되는 것을 막으려면 어떻게 해야 할까?"

"민아는 운동장에서 초아를 밀지 않았다. 이렇게 고치면 민아가 아니라 다른 사람이 초아를 밀었다는 뜻으로만 해석돼. 민아가 운동장에서는 초아를 밀지 않았다. 이렇게 고치면 운동장이 아니라 다른 곳에서 밀었다고 해석되고."

"마찬가지로 민아가 운동장에서 초아는 밀지 않았다. 민아가 운동장에서 초아를 밀지는 않았다. 이렇게 고치면 한 가지 뜻으로만 해석될 거 같아."

"좋았어. 보조사 는을 써서 뜻을 더 분명하게 만들었구나. 뜻이 분명하게 한 가지로만 해석될 수 있는 문장이 좋은 문장이라는 것을 늘 잊지 말도록, 알겠지?"

"걱정하지 마, 삼촌!"

아이들이 말다 부정문을 써서 큰 소리로 대답했어요.

'안' 부정문은 주어가 자기 의지에 따라
어떤 일을 일부러 하지 않았다는 뜻을 담고 있다.
'못' 부정문은 주어의 능력이 부족하거나
다른 이유 때문에
어떤 행동을 하지 못했다는 뜻을 담고 있다.